Vous et les successions

VOUS ET

les

successions

Avec la collaboration de
Élyse Baillargeon, avocate
Isabel Brault, avocate
Manon Moisan, notaire
et de
Pierre Benoit, notaire
Madeleine Cantin Cumyn, avocate
Manon Hébert, notaire
Louis Lagassé, notaire
Johanne Leduc-Dallaire, comptable général licencié
Catherine Leprévost, notaire

Et nos remerciements à Jeffrey A. Talpis, notaire

Directrice de collection: **Me Jocelyne DuVerger-Villeneuve**
Adjointe à la directrice de collection: **Me Sophie Alain**
Illustrations: **Stéphane Jorisch**
Photographies de la page couverture : **Gyssels/Diaf et**
P. Hattenberger/ Publiphoto
Maquette de la couverture: **Mégatexte**

Dans cet ouvrage, l'utilisation du masculin pour désigner des personnes a comme seul but d'alléger le texte et d'identifier sans discrimination les individus des deux sexes.

Les renseignements contenus dans ce guide sont à jour au 1er janvier 1994.

Vous et les successions
revue thématique Actif N° 3
(référence abonnements N° 45)

Renseignements et abonnement
Édibec inc.
4200 boulevard Saint-Laurent,
Bureau 510, Montréal (Québec)
H2W 2R2
Téléphone: (514) 843-9191
Télécopieur: (514) 843-3604

Abonnement
1 an / 5 revues thématiques Actif
44.50$ (toutes taxes incluses).

Distribution
Les messageries ADP

Courrier de deuxième classe - Enregistrement n° 8007.
Port payé à Montréal. Publié 5 fois l'an.

ISBN 2-921659-02-6   ISSN 0840-657X

(distribué précédemment par les Éditions Hurtubise HMH,
ISBN 89045-964-0)

Dépôt légal/1er trimestre 1994
Bibliothèque nationale du Québec
Bibliothèque nationale du Canada

© Copyright 1994
Édibec inc.

Introduction

Le fait d'accepter une nouvelle responsabilité, comme celle de vivre à deux ou de donner naissance à un enfant, d'entreprendre une excursion périlleuse et parfois même de tout simplement monter à bord d'un avion vous y font penser. «Qu'arriverait-il si je disparaissais?»

Certains réagissent et se mettent à l'oeuvre pour avoir l'esprit tranquille. D'autres laissent le temps passer.

La première partie de ce livre vous informe sur le testament: les formes possibles de testament, leurs avantages et les différentes clauses qui peuvent y être insérées . Elle vous indique aussi comment modifier votre testament si son contenu ne correspond plus à ce que vous désirez ou si votre situation personnelle a évolué depuis sa rédaction. Le choix et les fonctions du liquidateur sont également mis en lumière.

La seconde partie illustre les conséquences d'un décès sans testament, à l'aide de cas pratiques et de cas vécus. Les règles légales qui s'appliquent alors vous conviennent peut-être parfaitement aujourd'hui. Mais qu'en sera-t-il demain? Ne préféreriez-vous pas de plus nommer une personne de confiance pour s'occuper du règlement de votre succession?

La troisième partie présente les différentes étapes du règlement d'une succession. Ainsi vous serez en mesure de cerner les responsabilités que vous laissez. D'autre part, si vous devez à votre tour régler la succession d'un proche, vous saurez comment procéder et à quoi penser. Quelles sont les premières démarches? Que faire du logement du défunt? Qu'en est-il des dettes? Et des impôts? Faut-il tenir compte du fait que le défunt était marié? Autant de questions auxquelles vous trouverez réponses.

Finalement, la dernière partie du livre vous explique comment se partagent les biens de la succession et quelles formalités sont nécessaires en certains cas pour en prendre officiellement possession.

Et n'oubliez pas de porter attention en premier lieu au lexique, spécialement conçu pour vous mettre sur les bonnes pistes. Certains termes ont un sens particulier lorsqu'utilisés dans le domaine des successions. Il faut donc se méfier de leur acceptation courante.

Que vous le lisiez d'un trait ou chapitre par chapitre selon les besoins du moment, *Vous et les successions* saura certainement vous guider pour organiser et régler une succession.

Lexique

Les mots utilisés dans le domaine des successions ont parfois un sens différent du langage courant. Un simple coup d'oeil sur ce lexique vous permettra de démystifier le jargon successoral.

Ascendants: personnes de qui descend en ligne directe le défunt, telles que ses parents, ses grands-parents, ses arrière-grands-parents, etc. Leur degré de parenté avec le défunt s'établit en comptant le nombre de générations qui les séparent du défunt. Ainsi, le grand-père d'un défunt est son parent au deuxième degré.

Biens immeubles: biens qui ne peuvent être déplacés ou considérés comme tels, par exemple une maison, un chalet, un terrain, un immeuble, etc.

Biens meubles: tous les biens qui ne sont pas immeubles.

Cohéritiers: personnes qui reçoivent ensemble une succession, à l'exception du légataire particulier.

Colégataires: personnes à qui un testament laisse un même bien ou un même ensemble de biens.

Collatéraux: personnes qui descendent d'un même parent (auteur commun) que le défunt, telles que ses soeurs et frères, ses neveux et nièces. Leur degré de parenté avec le défunt s'établit en comptant le nombre de générations entre eux et l'auteur commun, puis entre ce dernier et le défunt. Ainsi, la nièce d'un défunt est sa parente au troisième degré.

Commissaire à l'assermentation: personne qui peut recevoir une déclaration sous serment.

Conjoints: homme et femme mariés.

Conjoints de fait: homme et femme qui vivent comme mari et femme sans être mariés.

Créancier: personne envers laquelle quelqu'un s'est endetté.

Débiteur: personne qui a une dette envers quelqu'un.

Descendants: personnes qui descendent en ligne directe du défunt, telles que ses enfants, ses petits-enfants, ses arrière-petits-enfants, etc. Leur degré de parenté avec le défunt s'établit en comptant le nombre de générations qui les séparent du défunt. Ainsi, le fils d'un défunt est son parent au premier degré.

Domicile: lieu où une personne a son principal établissement, c'est-à-dire l'endroit où elle a la majorité de ses intérêts, que ce soit familiaux, économiques, etc.

À ne pas confondre. La résidence peut différer du domicile. En effet, une personne peut avoir plusieurs résidences alors qu'elle n'a qu'un seul domicile.

Enfant: personne née du défunt.

À noter. Les enfants nés hors mariage et ceux adoptés légalement sont héritiers au même titre que les enfants issus d'un mariage.

Héritier: personne qui hérite d'un défunt, à l'exception du légataire particulier.

Légataire: personne qui reçoit par testament.

Legs: bien ou part d'héritage attribué à une ou plusieurs personnes par testament. Le legs peut être universel, à titre universel ou à titre particulier (voir le chapitre «Votre testament»).

Liquidateur: personne chargée de régler une succession testamentaire ou sans testament (voir le chapitre «Le liquidateur»). Avant le 1er janvier 1994, le liquidateur d'une succession testamentaire était connu sous le nom d'exécuteur testamentaire.

Lieu d'ouverture de la succession: endroit où va se régler la succession, généralement le lieu du domicile du défunt.

Locateur: personne qui s'engage envers une autre personne, le locataire, à lui procurer la jouissance d'un bien, moyennant un loyer. Cette personne est généralement le propriétaire du bien loué.

Protonotaire: fonctionnaire à qui est confiée entre autres, l'administration des dossiers de la Cour supérieure.

Successible: toute personne qui est susceptible d'hériter du défunt.

Succession: l'ensemble des personnes qui héritent. La succession peut aussi désigner l'ensemble des biens transmis.

À noter. La succession sans testament est appelée «ab intestat», en opposition à la succession testamentaire qui se règle suivant les dispositions d'un testament.

Testateur: personne qui rédige ses dernières volontés dans un testament.

première partie

ORGANISEZ VOTRE SUCCESSION

```
LIBRAIRIE LE FURETEUR INC.
     Tel: (514)465-5597
        615 Victoria
      Saint-Lambert, Qc
     Aucun remboursement.
Echange ou cr dit sur pr sentation
        de facture.
```

```
No. produit Description        Prix Tx
```

```
LC99405 VOUS ET LES SUCCESSIONS
            1 @ 14.95     14.95 F/N

            Sous-total=     14.95
     Taxe(s) federale(s)=    1.05
  Taxe(s) provinciale(s)=     .00

      Total des ventes=     16.00

     Paiement ARGENT=       20.00

   Total des paiements=     20.00

            Monnaie=         4.00
```

```
Commis: Gilles          07/04/1997 15:19
PS: R103117297              Tran: #70370052
```

```
No. inscription TVQ: 1000141760
            Merci!
```

Les biens que vous possédez exigent du travail, du temps et de l'énergie. Au fil des ans, vous planifiez votre budget pour les acquérir et par la suite pour les entretenir, les faire fructifier et en tirer le meilleur parti possible.

En planifiant votre succession, vous pouvez en quelque sorte exercer un suivi à long terme sur vos biens. En effet, vous pouvez dès maintenant rédiger votre testament et déterminer à qui reviendront vos biens à votre décès. Et peut-être ainsi éviter quelques conflits de famille...

Tous ces efforts n'en valent-ils pas la peine?

Qui peut faire un testament?

Toute personne majeure saine d'esprit, c'est-à-dire pouvant comprendre la portée de ses actes, peut faire un testament[1]. Cette capacité du testateur à faire son testament s'observe au moment de la rédaction du testament et non pas au moment du décès[2].

En principe, deux groupes de personnes ne peuvent pas faire de testament, soit les mineurs et les majeurs inaptes. Les mineurs, à moins qu'ils ne soient pleinement émancipés par le mariage ou par déclaration du tribunal, n'ont pas la capacité de disposer librement de leurs biens par testament, sauf pour leurs biens de peu de valeur[3]. Toutefois, la loi permet au mineur de régler les conditions de ses funérailles et le mode de disposition de son corps. Cependant, il doit avoir obtenu le consentement écrit de ses parents ou de son tuteur[4].

Les inaptes ne peuvent pas non plus faire de testament. Une personne est «inapte» lorsqu'elle est incapable de prendre soin d'elle-même et d'administrer ses biens. Une curatelle est ouverte lorsqu'une personne majeure est totalement incapable de prendre soin d'elle-même et d'administrer ses biens à cause de l'affaiblissement de ses capacités mentales de façon permanente. Le majeur sous curatelle ne peut pas faire de testament puisque son inaptitude est totale et permanente[5].

L'inaptitude d'une personne à prendre soin d'elle-même et à administrer ses biens peut cependant n'être que partielle ou temporaire. Dans un tel cas, la personne majeure est placée sous tutelle. La personne mise sous tutelle peut, dans certains cas, faire un testament. Ainsi, le testament d'une personne placée sous tutelle est valide si cette personne comprenait ce qu'elle faisait lorsqu'elle a préparé son testament[6].

À noter. Une personne généralement apte à prendre soin d'elle-même ou à administrer ses biens mais à qui le tribunal assigne un conseiller, parce qu'elle a besoin d'aide de façon temporaire ou pour poser certains actes, peut faire son testament sans l'assistance de son conseiller[7].

Quelle forme de testament adopter?

Il existe trois formes de testament, soit le testament olographe, le testament devant témoins et enfin le testament notarié[8].

Pour chacune des formes de testament, certaines formalités doivent être respectées.

Chapitre 1

Votre testament

Les biens que vous possédez exigent du travail, du temps et de l'énergie. Au fil des ans, vous planifiez votre budget pour les acquérir et par la suite pour les entretenir, les faire fructifier et en tirer le meilleur parti possible.

En planifiant votre succession, vous pouvez en quelque sorte exercer un suivi à long terme sur vos biens. En effet, vous pouvez dès maintenant rédiger votre testament et déterminer à qui reviendront vos biens à votre décès. Et peut-être ainsi éviter quelques conflits de famille...

Tous ces efforts n'en valent-ils pas la peine?

Qui peut faire un testament?

Toute personne majeure saine d'esprit, c'est-à-dire pouvant comprendre la portée de ses actes, peut faire un testament[1]. Cette capacité du testateur à faire son testament s'observe au moment de la rédaction du testament et non pas au moment du décès[2].

En principe, deux groupes de personnes ne peuvent pas faire de testament, soit les mineurs et les majeurs inaptes. Les mineurs, à moins qu'ils ne soient pleinement émancipés par le mariage ou par déclaration du tribunal, n'ont pas la capacité de disposer librement de leurs biens par testament, sauf pour leurs biens de peu de valeur[3]. Toutefois, la loi permet au mineur de régler les conditions de ses funérailles et le mode de disposition de son corps. Cependant, il doit avoir obtenu le consentement écrit de ses parents ou de son tuteur[4].

Les inaptes ne peuvent pas non plus faire de testament. Une personne est «inapte» lorsqu'elle est incapable de prendre soin d'elle-même et d'administrer ses biens. Une curatelle est ouverte lorsqu'une personne majeure est totalement incapable de prendre soin d'elle-même et d'administrer ses biens à cause de l'affaiblissement de ses capacités mentales de façon permanente. Le majeur sous curatelle ne peut pas faire de testament puisque son inaptitude est totale et permanente[5].

L'inaptitude d'une personne à prendre soin d'elle-même et à administrer ses biens peut cependant n'être que partielle ou temporaire. Dans un tel cas, la personne majeure est placée sous tutelle. La personne mise sous tutelle peut, dans certains cas, faire un testament. Ainsi, le testament d'une personne placée sous tutelle est valide si cette personne comprenait ce qu'elle faisait lorsqu'elle a préparé son testament[6].

À noter. Une personne généralement apte à prendre soin d'elle-même ou à administrer ses biens mais à qui le tribunal assigne un conseiller, parce qu'elle a besoin d'aide de façon temporaire ou pour poser certains actes, peut faire son testament sans l'assistance de son conseiller[7].

Quelle forme de testament adopter?

Il existe trois formes de testament, soit le testament olographe, le testament devant témoins et enfin le testament notarié[8].

Pour chacune des formes de testament, certaines formalités doivent être respectées.

Le testament olographe

Le testament olographe représente sans doute la méthode la plus simple et la plus accessible pour exprimer vos dernières volontés. En effet, la présence d'un notaire ou d'un témoin n'est pas nécessaire.

Qui doit écrire et signer le testament olographe?

Le testament olographe doit être écrit en entier par le testateur sans utiliser un moyen technique. Un testament olographe dactylographié ne serait donc pas valide. Cependant, la loi n'exige plus que le testament olographe soit écrit «de la main» du testateur afin de tenir compte des personnes handicapées qui écrivent avec leur bouche ou leurs pieds.

Testament olographe

> Montréal, le 15 octobre 1992
>
> Je, Martine Lijoli, sculpteure, domicilié au 33 45 rue Morreaux, à Montréal, étant saine d'esprit et n'étant pas malade, fais mon testament comme suit :
>
> Article 1 : Je donne tous mes biens meubles et immeubles à mon époux, Martin Lebeau. Si mon époux meurt avant moi ou en même temps que moi, je donne alors tous mes biens meubles et immeubles à mes enfants au premier degré, en parts égales.
>
> Article 2 : J'annule tous mes autres testaments.
>
> Martine Lijoli

Vous devez également signer votre testament. Le testament signé par un testateur dont la main est guidée par quelqu'un est nul.

Important. Il n'est pas nécessaire que la signature soit lisible. Il suffit d'être en mesure d'identifier le testateur. Vous n'êtes pas obligé de signer chaque page du testament.

Il n'y a aucune exigence relativement à l'emplacement de votre signature. Vous pouvez signer au début, au milieu ou à la fin de votre testament, à la condition que votre signature se rattache au texte de votre testament.

Comment doit-on écrire le testament olographe?

Il n'existe aucune autre exigence particulière en ce qui concerne la forme du testament olographe. Il peut donc être écrit à l'aide de toutes sortes d'instruments, tels que le crayon, la plume, le charbon, etc. ainsi que sur tout support, tel que le papier, le bois, le cuir, etc[9].

Pour être valide, il n'est pas nécessaire que le testament soit intitulé «testament». En fait, le testament peut être écrit dans une lettre, sur une carte postale, etc.[10] Toutefois, dans de tels cas, il doit être évident que, par ce document, vous aviez bel et bien l'intention de rédiger un testament et qu'il ne s'agissait pas, par exemple, de notes préparatoires.

De même, vous n'êtes pas obligé d'écrire la date et le lieu sur votre testament. Cependant, il est plus prudent de mentionner la date. Si vous possédez plusieurs testaments, la date déterminera lequel est le plus récent. Si vous rédigez votre testament à l'étranger, il est également préférable que vous y notiez le lieu afin d'en faciliter la vérification éventuelle par la Cour (voir le chapitre «Les premières démarches»).

Et si votre testament olographe est modifié?

Certaines modifications peuvent être apportées à votre testament. Si les modifications sont inscrites par une autre personne que vous et à votre insu, ces modifications ne changent en rien le contenu original et la valeur du testament. C'est comme si les modifications n'avaient jamais existé. Le testament tel que vous l'avez rédigé demeure donc valide.

Par contre, si les modifications ont été apportées par une autre personne mais à votre demande, le testament risque alors d'être déclaré nul. En effet, votre testament olographe doit être entièrement et uniquement écrit par vous.

Attention! Si les modifications ajoutées par une autre personne que vous mais à votre demande affectent le fond et la substance du testament, le testament en entier est déclaré nul.

Par contre, si les modifications apportées par une autre personne que vous mais à votre demande ne touchent pas le fond et la substance du testament, seules ces modifications sont alors déclarées nulles. Le testament demeure valide. Ainsi, il a déjà été jugé que la signature d'un témoin après celle du testateur n'affectait pas le fond et la substance du testament[11].

Le testament devant témoins

Le testament devant témoins, anciennement connu sous le nom de «testament suivant la forme dérivée d'Angleterre», doit être signé par le testateur et ce dernier doit reconnaître sa signature en présence de deux témoins[12]. Le testament

Testament devant témoins

Montréal, le 15 octobre 1992

Je, Martine Lejoli, sculpteure, domiciliée au 3345 rue des Moineaux, à Montréal, étant saine d'esprit et n'étant pas malade, fais mon testament comme suit:

Article 1: Je donne tous mes biens meubles et immeubles à mon époux, Martin Lebeau. Si mon époux meurt avant moi ou meurt en même temps que moi, je donne alors tous mes biens meubles et immeubles à mes enfants au premier degré, en parts égales.

Article 2: J'annule tous mes autres testaments.

En foi de quoi, j'ai signé à Montréal, ce 15 octobre 1992.

Martine Lejoli

Signé et reconnu par ladite Martine Lejoli comme étant son testament, en présence des témoins soussignés, lesquels, à la demande de la testatrice et en sa présence, ont signé immédiatement le présent testament, en présence l'un de l'autre.

Stéphane Beaudoin

Jacqueline Lemieux

peut être écrit à la main ou de toute autre façon. La présence d'un notaire n'est pas nécessaire.

Qui doit écrire et signer le testament devant témoins?

Le testateur ou toute autre personne peut écrire, à la main ou autrement, le testament devant témoins. Vous pouvez même utiliser des formules et remplir certaines parties à la main. Il n'y a aucune obligation de mentionner le lieu et la date du testament.

Conseil. Tout comme pour le testament olographe, il est cependant préférable d'y inscrire la date et le lieu.

Votre signature doit se trouver à la fin de l'acte. Une personne autre que vous peut signer votre nom à votre place. Par exemple, lorsque vous ne pouvez pas signer parce que votre bras est immobilisé dans un plâtre, quelqu'un peut s'en charger pour vous.

Important. Cette personne doit signer votre nom et non le sien.

Celui qui signe à votre place doit agir d'après vos instructions et en votre présence. Ce peut être l'un des témoins ou toute autre personne. La signature n'a pas besoin d'être lisible. Il faut cependant être capable de reconnaître votre signature ou celle de la personne qui signe à votre place, le cas échéant.

Le rôle des témoins

Vous devez reconnaître votre signature, ou la signature de celui qui a signé pour vous, devant deux témoins. Pour ce faire, aucune formalité particulière n'est requise.

Attention! Les deux témoins doivent être présents en même temps et non l'un après l'autre.

Vous pouvez signer votre testament devant les témoins. Vous pouvez également rédiger et signer votre testament à l'avance et ensuite faire venir les témoins. De cette façon, le contenu de votre testament n'est pas révélé aux témoins. Toutefois, il est important de leur faire saisir qu'il s'agit de votre testament.

À noter. Si vous êtes dans l'impossibilité de parler, la reconnaissance de signature doit être faite par écrit sans utiliser un moyen technique[13].

Une fois que vous avez reconnu votre signature, ou celle de celui qui a signé pour vous, les deux témoins doivent apposer leur signature sous la vôtre. Il est préférable d'écrire dans le testament que les formalités de la reconnaissance de la signature ont été respectées. Cette mention permet, par la suite, d'en prouver plus facilement l'exactitude.

Attention! Lorsque le testament est écrit par une personne autre que le testateur ou par un moyen technique, le testateur et les témoins doivent parapher ou signer chaque page du testament[14].

Qui peut être témoin?

Le choix des témoins est soumis à une seule règle. Les témoins doivent être majeurs. Ils peuvent donc être parents, par exemple un frère ou une mère, ou parents par alliance, par exemple un conjoint, un beau-frère ou une belle-mère, entre eux ou avec vous.

Attention! Les legs faits aux témoins, sont nuls[15].

Le testament notarié

Le testament notarié est un acte authentique, c'est-à-dire qu'il est reçu devant un officier public qui en conserve l'original. À titre d'officier

Testament notarié

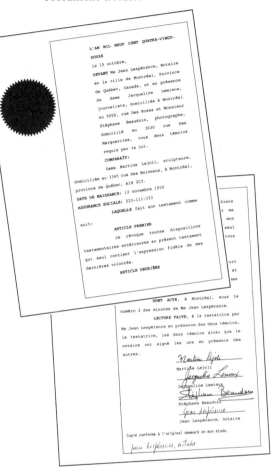

public, le notaire se trouve à garantir que le testament est bien celui du testateur et que toutes les formalités requises ont été respectées. Le testament notarié n'a donc pas à être vérifié par la Cour (voir le chapitre «Les premières démarches»). Il représente la méthode la plus sûre d'émettre vos dernières volontés.

Qui prépare le testament notarié?

La loi ne précise pas qui doit écrire le testament notarié. Dans la pratique, vous vous rendez chez le notaire et lui expliquez ce que vous souhaitez mettre dans votre testament. Le notaire vous aide à préciser votre pensée, propose certaines suggestions et fait préparer le testament.

Le coût moyen d'un testament notarié standard est environ de 150$, auquel il faut ajouter le montant des taxes.

Conseil. Prévoyez deux rendez-vous chez le notaire, une première rencontre pour discuter et élaborer votre testament et une seconde pour procéder aux signatures.

Les formalités du testament notarié

Une fois rédigé, le testament notarié est reçu par un notaire assisté d'un témoin[16]. Le témoin doit être désigné dans l'acte. La seule exigence concernant le choix du témoin est qu'il soit majeur.

À noter. L'assistance de deux témoins est requise lorsque le testateur est aveugle.

Attention! Les employés du notaire qui reçoit le testament ne peuvent pas servir de témoins.

Avant d'être signé, le testament doit être lu par le notaire au testateur seul ou, au choix du testateur, en présence du témoin. Suite à la lecture, le testateur doit déclarer en présence du témoin qu'il s'agit de son testament. La lecture du testament est faite en présence des deux témoins lorsque le testateur est aveugle. Elle est faite par le testateur lui-même lorsqu'il est sourd ou sourd-muet en présence du notaire ou, à son choix, du notaire et du témoin. La lecture est à haute voix si le testateur est sourd seulement.

Vous devez signer le testament en présence du notaire et du témoin. Le notaire et le témoin doivent également signer le testament, et ce, en votre présence.

Les mentions obligatoires

Contrairement aux autres formes de testament, le testament notarié doit mentionner la date et le lieu de sa rédaction.

Les avantages et les inconvénients de chacune des formes de testament

Le testament olographe ne nécessite aucun déplacement ni ne requiert la présence d'une autre personne. Vous pouvez donc le faire où vous voulez, lorsque bon vous semble. Il en va de même pour le testament devant témoins si ceux-ci viennent à vous.

Le testament olographe et celui devant témoins nécessitent, pour leur rédaction, peu de déboursés puisque vous pouvez les compléter sans avoir recours aux services d'un professionnel.

Important. Cependant, ces deux types de testament doivent être vérifiés par la Cour après le décès (voir le chapitre «Les premières démarches»). La vérification d'un testament coûte 63$, sans compter les frais d'honoraires professionnels qui sont d'environ 250$. Cette démarche est souvent plus onéreuse que de celle de consulter un notaire pour la rédaction du testament. Il faut de plus compter un délai d'un mois pour que la vérification soit faite.

Le testament notarié présente plusieurs autres avantages. D'abord, vous ne pouvez pas le perdre puisque le notaire conserve toujours l'original. Également, le testament est facile à retracer. En effet, pour tous les testaments qu'il reçoit, le notaire doit faire un rapport au registre de la Chambre des notaires du Québec. Enfin, les testaments notariés sont souvent plus complets. Comme vous bénéficiez des services d'un expert, vous vous assurez de ne rien oublier.

Vous pouvez aussi avoir recours aux services d'un avocat pour faire un testament devant témoins. Le Barreau du Québec détient également un registre où peuvent être répertoriés ces testaments. Cependant, même fait devant un avocat, le testament devant témoins devra être vérifié par un tribunal. Vous devez donc payer à la fois pour les services d'un avocat lors de la conception du testament, puis pour les frais de vérification.

Attention! Le testament vidéo ou audio n'est pas reconnu par la loi. Les personnes qui désirent enregistrer leurs dernières volontés sur bande vidéo ou audio, doivent aussi faire un testament écrit selon les formalités reconnues par la loi.

Les contrats de mariage

Votre contrat de mariage peut prévoir des donations en faveur de votre conjoint. Il peut s'agir de donations entre vifs, c'est-à-dire de biens qui lui seront donnés de votre vivant, ou de donations à cause de mort, c'est-à-dire des biens qui lui seront donnés à votre décès. La donation à cause de mort est aussi qualifiée d'institution contractuelle. Une donation à cause de mort n'est valide que dans un contrat de mariage.

La clause du contrat de mariage qui prévoit une donation à cause de mort est plus communément appelée la clause «au dernier survivant les biens». Cette clause constitue dans les faits un mini-testament. En effet, la clause d'institution contractuelle octroie généralement un legs universel de tous les biens en faveur du conjoint survivant.

Dans quelle langue pouvez-vous rédiger votre testament?

La langue employée dans un testament importe peu. Le testament peut être rédigé dans une langue autre que le français ou l'anglais. Si c'est le cas, il est nécessaire, au moment de faire vérifier le testament, d'en produire une traduction à la Cour supérieure (voir le chapitre «Les premières démarches»).

À noter. La traduction doit être faite par un traducteur officiel, c'est-à-dire un traducteur reconnu par la Cour.

Le contenu du testament

Vous avez entière liberté pour rédiger votre testament. Vous pouvez donc inclure dans votre testament toutes les clauses que vous voulez.

Les clauses illicites ou assorties de conditions illicites

Un legs peut toutefois être assorti d'une condition. Si vous écrivez par exemple «Je lègue toute ma fortune à mes soeurs Carole et Michèle, à condition qu'elles s'entendent à l'amiable pour le partage», vous posez une condition. Ainsi, vos soeurs Carole et Michèle ne peuvent recevoir votre fortune que dans la mesure où elles arrivent à la partager d'un commun accord, sans avoir recours aux tribunaux par exemple.

Il arrive cependant qu'une condition soit illicite, c'est-à-dire contraire à la loi ou à l'ordre public. En effet, vous ne pouvez pas imposer n'importe quelle condition aux gens à qui vous léguez vos biens. Le legs assorti d'une condition illicite n'est pas invalide. En effet, la loi prévoit que le legs demeure valide mais que la condition tombe. C'est comme si la condition n'avait jamais été écrite. La personne à qui vous avez imposé une condition illicite recevra donc les biens que vous lui avez laissés sans avoir à satisfaire cette condition.

Par exemple, la condition suivante serait réputée non écrite: «Je lègue tous mes biens à mon mari à la condition qu'il ne se remarie pas»[17]. La condition suivante risque d'être aussi considérée illicite: «Je lègue tous mes biens à ma fille Charlotte à la condition qu'elle adopte la pratique de la religion catholique». En effet, ces conditions peuvent aller à l'encontre des libertés fondamentales protégées par la Charte des droits et libertés de la personne.

À noter. Un legs peut par ailleurs être assorti d'une condition licite mais impossible à réaliser. Ce serait le cas par exemple du legs suivant: «Je lègue tous mes biens à mon fils à la condition qu'il fasse le tour du monde à pied». S'il apparaît que la condition est impossible à réaliser pour quiconque et n'a pas pour but d'écarter un héritier en particulier, elle tombe mais le legs demeure valide.

À vous de choisir

Vous pouvez inclure dans votre testament toute clause qui répond à vos désirs. En voici quelques exemples:

•*le legs universel:* vous pouvez utiliser le legs universel lorsque vous souhaitez laisser tous vos biens sans distinction à une ou plusieurs personnes. Par exemple, «Je lègue à mon épouse tous les biens meubles et immeubles que je posséderai au jour de mon décès».

•*le legs à titre universel:* par cette clause, vous léguez une partie de vos biens, telle que la moitié, le tiers, etc., ou une catégorie de biens, telle que tous les meubles de la succession. Par exemple, «Je lègue à mon frère Laurent le tiers de tous les biens meubles et immeubles qui composeront ma succession».

•*le legs à titre particulier*: ce type de legs est utile lorsque vous léguez un ou plusieurs biens spécifiques à quelqu'un. Vous devez désigner ces biens de façon précise dans votre testament. Par exemple, «Je lègue à mon petit-fils Christian la somme de 1 000$ et mon coffre de pêche».

•*l'usufruit et la nue-propriété*: l'usufruit octroie à son détenteur la jouissance d'un bien qui appartient à un autre, le nu-propriétaire, et la possibilité d'en retirer profit. Cette clause peut être utilisée notamment lorsque vous souhaitez que vos biens restent à vos enfants dans l'éventualité où votre conjoint se remarierait. Par exemple, «Je lègue l'usufruit de ma maison à mon épouse Justine et la nue-propriété à mes enfants au premier degré». Vos enfants seront propriétaires de la maison. Toutefois, votre épouse pourra habiter la maison mais elle ne pourra pas la vendre. Également, elle pourra percevoir les loyers s'il s'agit d'un immeuble à revenus. À son décès, ceux qui en ont la nue-propriété, en l'occurrence vos enfants, récupèrent le droit d'habiter la maison et d'en tirer les revenus. De même, si vous laissez une somme d'argent en usufruit à votre conjoint et en nue-propriété à vos enfants, votre conjoint en récolte l'intérêt du temps de son vivant alors que le capital appartient à vos enfants.

À noter. Vous pouvez réduire la durée de l'usufruit et prévoir le moment ou les nus-propriétaires prendront possession du bien.

•*l'accroissement*: cette clause prévoit la redistribution de vos biens lorsque la personne en faveur de qui vous avez fait un legs ne peut le recueillir. Par exemple, «Je donne tous mes biens immeubles à mes filles Sophie, Isabelle et Nathalie, avec accroissement en faveur de ma fille Sophie, le cas échéant». Ainsi, si Isabelle ou Nathalie ne recueillent pas leur part, cette part ira à Sophie.

•*la représentation*: cette clause mentionne la possibilité pour les descendants d'une personne d'hériter à sa place si elle ne peut recevoir le legs. Par exemple, «Je lègue mon chalet à mes enfants au premier degré, avec représentation». Ainsi, si l'un de vos enfants ne peut recueillir le legs, la part qu'il aurait reçue ira à ses enfants. La représentation s'applique automatiquement pour le legs universel ou à titre universel à moins que le testateur ne l'ait exclue expressément ou tacitement. Cependant, la représentation ne s'applique pas pour un legs à titre particulier à moins que le testateur l'ait prévue expressément.

• *le liquidateur*: le liquidateur, anciennement connu sou le nom d'exécuteur testamentaire, est la personne qui s'occupe de régler la succession. À défaut par le testateur de nommer un liquidateur, ce sont les héritiers tous ensemble qui régleront la succession à moins qu'ils ne préfèrent désigner eux-mêmes un liquidateur. Bien que ce ne soit pas obligatoire, il est préférable de nommer un liquidateur dans votre testament et de prévoir un remplaçant. La loi accorde certains pouvoirs au liquidateur. Cependant, vous pouvez accorder des pouvoirs supplémentaires à votre liquidateur (voir le chapitre «Le liquidateur»). Il est donc important non seulement de nommer un liquidateur, mais également de définir les pouvoirs que vous entendez lui octroyer. Par exemple, «Je nomme mon épouse comme liquidateur et au cas de décès, refus ou incapacité d'agir, je lui substitue ma soeur Camille, pour exécuter mon présent testament. Mon liquidateur agira pour tout le règlement de la succession sans le consentement ou la participation de mes légataires».

• *la remise de dettes*: les héritiers, avant de pouvoir recevoir ce qui leur revient de la succession, doivent remettre à celle-ci les dettes qu'ils avaient envers le défunt. La clause «remise de dettes» dispense ces personnes de remettre les biens reçus à la succession. Par exemple, «Mes légataires n'auront à remettre à la succession aucune dette qu'ils ont envers moi».

• *l'assurance-vie*: lorsque vous n'avez pas prévu de bénéficiaire dans votre police d'assurance-vie, vous pouvez le faire à l'intérieur de votre testament. Vous devez cependant indiquer le numéro de la police d'assurance ainsi que le nom de la compagnie de qui vous l'avez achetée. Par exemple, «Je nomme mon époux bénéficiaire de ma police d'assurance-vie #362823 souscrite auprès de la compagnie X».

• *l'insaisissabilité*: cette clause vous permet de prévoir que les biens que vous laissez à vos héritiers ne seront pas saisis par leurs créanciers. Par exemple, «Tous les biens que je lègue par ce testament le sont à titre insaisissable pour quelque dette que ce soit de mes légataires».

• *la clause de propre*: vous pouvez utiliser cette clause lorsque vous léguez un ou des biens à quelqu'un qui est marié et que vous souhaitez que ce legs échappe au régime matrimonial de cet héritier. Par exemple,

«Les biens ci-dessus légués, tant en revenus qu'en capital, ne feront partie d'aucune communauté de biens ni de patrimoine d'acquêts».

• *le legs en sous-ordre*: le legs en sous-ordre vous permet de nommer un deuxième héritier si le premier ne peut recevoir le legs que vous lui avez laissé, notamment pour cause de décès. Par exemple, «Je lègue tous mes biens meubles et immeubles à ma soeur Marie. Si Marie meurt avant moi, ou si pour une raison quelconque elle renonçait à ce legs, je lui substitue mon frère Jean».

• *la substitution*: cette clause vous permet d'avoir un suivi sur vos biens. En effet, vous pouvez laisser vos biens à un premier héritier et prévoir que celui-ci, à son décès ou à un autre moment que vous déterminez, devra rendre ces biens à un ou plusieurs autres héritiers. Par exemple, «Je lègue tous les biens meubles et immeubles que je laisserai à mon décès à mon épouse Monica, à charge pour elle de les rendre à nos enfants au premier degré à son décès».

• *la fiducie:* la fiducie permet de confier un ou des biens à quelqu'un ou à une compagnie, appelé fiduciaire, pour que ce dernier les administre en faveur des véritables héritiers pendant une période de temps que vous déterminez. La fiducie est surtout utilisée dans le cas où les héritiers sont mineurs ou que la valeur de la succession est importante. Par exemple, «Je laisse tous mes biens meubles et immeubles en fiducie à la compagnie X, à charge pour elle de les administrer en faveur de mes enfants Benoit et Carole qui pourront récupérer les biens à leur majorité».

• *la clause de révocation*: la plupart des testaments comportent cette clause qui a pour effet de révoquer, c'est-à-dire d'annuler, tout testament antérieur ou certaines clauses d'un testament fait auparavant. Par exemple, «Je révoque toute disposition testamentaire antérieure au présent testament qui, seul, contient l'expression de mes dernières volontés».

• *la nomination d'un tuteur*: vous pouvez par testament nommer un tuteur à vos enfants mineurs[18]. Par exemple, «Je nomme ma soeur Diane comme tutrice pour mes enfants mineurs».

Pouvez-vous rédiger un testament conjoint?

Vous ne pouvez rédiger votre testament conjointement avec une ou plusieurs personnes dans un même document[19]. Par exemple, le testament suivant est nul: «Nous, soussignés, René Belliveau et Lucette Bureau, léguons tous nos biens à la Congrégation des Soeurs blanches.» Signé René Belliveau et Lucette Bureau.

Par contre, deux personnes peuvent faire deux testaments sur une même feuille de papier. Il faut cependant que les deux textes soient écrits et signés séparément[20]. Ainsi, les testaments suivants sont valides et ce, même s'ils sont écrits sur la même feuille: «Je, soussigné René Belliveau, lègue tous mes biens à la Congrégation des Soeurs blanches.» Signé René Belliveau. «Je, soussignée Lucette Bureau, lègue tous mes biens à la Congrégation des Soeurs blanches.» Signé Lucette Bureau.

Conseil. Il est plus prudent de rédiger des testaments sur des feuilles séparées pour chaque testateur.

Pouvez-vous changer d'idée?

Le testament est un acte révocable, c'est-à-dire qu'il peut être modifié ou annulé. Il n'est ni final, ni définitif. Vous pouvez donc toujours modifier vos volontés en faisant un nouveau testament ou une modification au testament initial (auparavant connue sous le nom de codicille)[21].

La modification vous permet de modifier, d'enlever ou d'ajouter une clause au testament. On y a recours pour révoquer un ou plusieurs legs, ajouter un avantage, etc. Elle est accessoire au testament.

La modification est un acte soumis aux mêmes exigences que le testament. Elle doit, par conséquent, respecter les mêmes formalités que celui-ci, telles que la signature du testateur, la présence des témoins si nécessaire, etc.

Important. Vous devez choisir une des trois formes de testament pour rédiger une modification. Il n'est cependant pas nécessaire qu'elle soit sous la même forme que votre testament.

À noter. Le legs fait au conjoint antérieurement au jugement de divorce ou de nullité de mariage est automatiquement révoqué à moins que le testateur, n'ait, par des dispositions testamentaires, clairement manifesté son intention d'avantager tout de même son ex-conjoint[22].

Où conserver votre testament?

Une fois rédigé, conservez votre testament en lieu sûr afin de réduire au minimum les risques de perte, de vol ou de destruction. De plus, informez vos proches de l'endroit où vous avez déposé votre testament afin que ceux-ci le retrouvent facilement lors de votre décès.

Les registres

Le registre de la Chambre des notaires du Québec a été institué en 1961. Depuis cette date, tous les testaments sous forme notariée doivent y être répertoriés. En effet, un notaire a l'obligation de transmettre certains renseignements permettant d'identifier toute personne pour laquelle il a reçu un testament dans la province de Québec. Ces renseignements, qui demeurent confidentiels jusqu'à la mort du testateur, sont:

•le nom du testateur;

•son adresse;

•sa date de naissance;

•son occupation;

•son numéro d'assurance sociale; et

•la date de l'acte.

Quant au testament olographe ou fait devant témoins, il peut aussi être déposé au rang des minutes d'un notaire et ainsi être répertorié au registre de la Chambre des notaires.

Attention! Un tel dépôt ne change pas la nature du testament. En conséquence, le testament olographe ou fait devant témoins doit être vérifié par la Cour supérieure lors du décès du testateur (voir le chapitre «Les premières démarches»).

Si vous avez été assisté par un avocat pour la rédaction de votre testament devant témoins, vous pouvez profiter du registre tenu par le

Barreau du Québec. Ce registre regroupe les mêmes informations relatives au testateur que celui de la Chambre des notaires.

Les coffrets de sûreté

Les coffrets de sûreté que l'on retrouve dans les institutions financières constituent un excellent endroit pour conserver votre testament.

Conseil. Prévenez votre liquidateur ou vos héritiers que vous avez déposé votre testament dans un coffret de sûreté. Il est également plus prudent de leur donner les coordonnées exactes de l'institution financière où se trouve votre coffret de sûreté.

Quelques conseils

Votre testament est un document important. Il exprime les valeurs auxquelles vous tenez tout au long de votre vie. Prenez le temps d'y penser et de voir à ce qu'il soit rédigé clairement. Vos héritiers ne pourront pas vous demander d'explications lorsque viendra le moment d'y donner suite. Voici quelques conseils qui ont pour but d'orienter votre démarche.

La préparation de votre testament

• Faites l'inventaire de vos biens
   – biens meubles: mobilier des résidences, automobiles, oeuvres d'art, bijoux, comptes d'épargne, contenu du coffret de sûreté, obligations d'épargne, actions, régimes de retraite, polices d'assurance, etc.
   – biens immeubles: résidences, immeubles à revenus, etc.

• Tenez compte de vos projets futurs, par exemple l'achat d'un chalet, d'une rente, etc...

• Évaluez également vos dettes présentes, si vous en avez, et leur évolution dans les années à venir. Les dettes font également partie de la succession et en diminuent l'actif.

• Vérifiez le nom des bénéficiaires de vos polices d'assurance, régimes de retraite, etc.

• Dressez une liste des biens qui auront besoin d'être retracés par vos héritiers en indiquant tous les renseignements qui leur permettront de les retrouver plus facilement (numéros de polices d'assurance et compagnies émettrices, numéros de comptes d'épargne et institutions financières, etc.). Vous pourrez tenir cette liste à jour et la joindre à votre testament ou à la copie que vous en gardez.

•Si vous êtes marié, vérifiez votre régime matrimonial et votre contrat de mariage si vous en avez un. Souvenez-vous que la valeur des biens qui composent le patrimoine familial se partagent entre l'époux survivant et la succession de l'époux décédé. Vous pourrez ainsi mesurer la situation de votre conjoint, s'il vous survit.

•Faites la liste des personnes ou des organismes que vous voulez avantager.

•Certains de vos proches ont peut-être des besoins particuliers, en raison de leur état de santé par exemple. Par ailleurs, il se peut que vous vouliez que certains de vos biens reviennent à des personnes précises, pour des raisons d'ordre sentimental, de tradition, d'affinité d'intérêts, etc.

•Informez-vous des conséquences fiscales des legs que vous désirez faire. Elles vous feront peut-être réajuster votre tir.

La rédaction de votre testament

•Soyez clair. Évitez les phrases redondantes ou les explications inutiles qui peuvent induire en erreur vos héritiers.

•Si vous avez des idées précises sur vos désirs quant aux funérailles (cérémonie religieuse, incinération, etc.), inscrivez-les. Vos héritiers apprécieront connaître vos volontés sur ces questions.

•Identifiez les biens que vous voulez léguer à titre particulier. Pour le restant de vos biens, ne vous hasardez pas à tenter de les énumérer tous et utilisez plutôt les legs universels et à titre universel. En effet, vous risquez d'oublier certains biens ou d'en acquérir d'autres par la suite. À ce moment, les biens non mentionnés seraient distribués selon les règles des successions sans testament.

•Si vous voulez avantager tous vos enfants, ne mentionnez pas de nom. Ceux qui ne seraient pas mentionnés ne pourraient pas hériter. Une naissance peut survenir après la rédaction du testament.

•Si vous voulez choisir votre liquidateur, c'est-à-dire la personne qui s'occupera du règlement de votre succession, prévoyez aussi ses pouvoirs, son remplacement, etc.

•N'hésitez pas à consulter un professionnel si vous avez besoin d'information, d'explications ou si votre situation est complexe. Mieux vaut prendre plus de précautions que moins!

Pour en savoir plus

Mon oncle est décédé il y a un mois. Dans le testament notarié qu'il a fait, il me lègue 10 000$. On vient de retrouver un testament postérieur qu'il aurait fait à la main quelques jours avant de mourir et qui ne mentionne pas cette somme. Est-ce dire que je n'hériterai pas de ces 10 000$?

Pas nécessairement. La loi prévoit en effet que les testaments postérieurs qui ne révoquent pas les précédents de façon claire et expresse n'y annulent que les dispositions incompatibles ou contraires aux nouvelles dispositions. Ainsi, si votre oncle n'a pas mentionné dans son testament postérieur qu'il révoquait tous ses testaments antérieurs et si rien dans son second testament n'est incompatible avec le legs de 10 000$ qu'il vous a fait, cet argent vous revient.

Mon père est décédé en laissant un testament devant témoins. Cependant, un des deux témoins était mineur lorsqu'il a signé le testament. Est-ce que cela rend le testament de mon père invalide?

Le testament de votre père est nul sous la forme devant témoins puisque les témoins doivent être majeurs. Toutefois, le testament de votre père pourrait être reconnu valide sous la forme olographe s'il a été écrit par votre père sans l'utilisation de moyens techniques[23]. Même s'il a été dactylographié ou écrit par une autre personne, il est possible que le tribunal reconnaisse comme valide le testament de votre père s'il contient de façon certaine et non équivoque les dernières volontés de votre père[24]. En effet, la loi accorde cette discrétion au tribunal afin de respecter les volontés du testateur.

RÉFÉRENCES

1) C.c.Q., art. 703
2) C.c.Q., art. 707
3) C.c.Q., art. 708
4) C.c.Q., art. 42
5) C.c.Q., art. 710
6) C.c.Q., art. 709
7) C.c.Q., art. 710
8) C.c.Q., art. 712
9) C.c.Q., art. 726
10) *Dansereau* c. *Berget*, [1951] R.C.S. 822; *Molinari* c. *Winfrey*, [1961] R.C.S. 91
11) *Demers* c. *Vallée*, [1951] C.S. 424.
12) C.c.Q., art. 727
13) C.c.Q., art. 730
14) C.c.Q., art. 728
15) C.c.Q., art. 760
16) C.c.Q., art. 716
17) C.c.Q., art. 757
18) C.c.Q., art. 200
19) C.c.Q., art. 704
20) G. Brière, *Les libéralités*, Ottawa, Éditions de l'Université d'Ottawa, 1982, p. 174
21) C.c.Q., art. 704, 705, 713, 763, 765 et 766
22) C.c.Q., art. 764
23) C.c.Q., art. 713
24) C.c.Q., art. 714

Chapitre 2

Le liquidateur

La rédaction de votre testament vous permet non seulement de rédiger vos dernières volontés mais aussi de prévoir qui veillera à leur exécution. Avant de choisir votre liquidateur, mieux vaut donc bien connaître le rôle qu'il aura à jouer.

Par ailleurs, bien des gens se voient un jour ou l'autre confier le rôle de liquidateur. La personne qui accepte cette responsabilité a donc aussi tout intérêt à prendre connaissance des droits et obligations rattachés à cette fonction.

Pourquoi nommer un liquidateur?

Il doit y avoir un liquidateur pour toute succession, même non testamentaire. S'il n'y a pas de testament ou si le testament ne désigne personne pour remplir cette charge, celle-ci revient à l'ensemble des héritiers. Cependant, les héritiers peuvent, à la majorité, désigner un liquidateur. Il n'est pas nécessaire que la personne choisie comme liquidateur soit un héritier. Si les héritiers ne s'entendent pas sur le choix du liquidateur, c'est le tribunal qui tranchera.

Vous pouvez donc éviter la chicane entre vos héritiers en choisissant vous-même votre liquidateur dans votre testament. Diverses raisons peuvent motiver votre décision de nommer un liquidateur dans votre testament. Ainsi, vous pouvez désigner un liquidateur afin d'éviter à votre héritier unique la tâche de s'occuper du règlement de la succession. Ou alors, vous pouvez préférer nommer un liquidateur parce que vous doutez de la capacité de l'héritier de procéder facilement et efficacement au règlement de la succession. Ce peut être le cas notamment, lorsque l'héritier est jeune ou lorsqu'il habite loin du lieu où sont situés les biens du testateur.

Attention! Vos héritiers ne peuvent pas contester le choix de la personne que vous nommez comme liquidateur. De même, ils doivent respecter les pouvoirs que vous avez accordés à votre liquidateur. Ce n'est que si le liquidateur néglige ses devoirs ou ne respecte pas ses obligations que les héritiers pourront contester sa nomination.

Que fait le liquidateur?

Le liquidateur se charge, entre autres, de rechercher le testament du défunt et de faire l'inventaire des biens de la succession. Il veille aux funérailles du défunt et s'occupe de faire vérifier le testament s'il y a lieu. Il voit également au paiement des dettes, au recouvrement des créances et à la gestion des biens de la succession, ainsi qu'à la remise

des legs particuliers à ceux qui en ont hérité (voir le chapitre «Les dettes»)[1].

La loi prévoit que le liquidateur exerce ses pouvoirs sur tous les biens, meubles et immeubles, de la succession et jusqu'à la complète exécution de la liquidation de la succession sans délai limite[2]. Cependant, le liquidateur n'a que des pouvoirs de simple administration. Il peut vendre seul les biens meubles susceptibles de dépérir, de se déprécier rapidement ou dispendieux à conserver, mais il ne peut, sans le consentement des héritiers ou l'autorisation du tribunal, vendre les autres biens de la succession.

Par ailleurs, la loi vous autorise à modifier les pouvoirs du liquidateur que vous nommez[3]. En effet, vous pouvez élargir l'étendue de ses pouvoirs de façon à ce que le règlement de la succession soit simplifié.

À titre d'exemple, vous pouvez prévoir dans votre testament que votre liquidateur aura la pleine administration des biens de la succession. Il pourra alors vendre tous les biens de la succession sans le consentement des héritiers ou l'autorisation du tribunal. Le règlement de votre succession sera donc facilité.

À noter. Vous ne pouvez jamais dispenser votre liquidateur de faire inventaire ou tout autre acte nécessaire à la liquidation. De plus, le liquidateur peut être obligé d'avoir recours aux services d'un notaire pour certains actes, notamment pour la déclaration de transmission d'immeuble.

Il est aussi fréquent de trouver dans le testament une disposition donnant au liquidateur le pouvoir de faire lui-même le partage des biens de la succession suivant les méthodes qu'il jugera convenables. Vous pouvez donc autoriser votre liquidateur à procéder au partage sans l'intervention des héritiers et sans être astreint aux formalités prévues par la loi.

Important. Il y a diverses possibilités d'ajouts de pouvoir. À vous de décider lesquels pourraient être utiles à votre liquidateur.

D'autre part, le liquidateur a certaines obligations à observer. Ainsi, il doit respecter les volontés exprimées par le défunt dans son testament et agir en tout temps en personne raisonnable, c'est-à-dire avec prudence et diligence. Quelle que soit l'étendue de ses pouvoirs, il doit s'en servir seulement lorsque leur utilisation est requise pour accomplir ses fonctions. Il doit également agir avec honnêteté, loyauté et dans le meilleur intérêt des héritiers.

À noter. Le liquidateur doit souscrire une assurance ou donner une sûreté pour garantir l'exécution de sa charge si le testateur ou la majorité des héritiers l'exige ou encore si le tribunal le lui ordonne[4].

Qui peut être liquidateur?

Vous pouvez confier cette fonction à toute personne pleinement capable d'exercer ses droits civils, c'est-à-dire toute personne physique et majeure qui n'a pas été mise en tutelle ou curatelle par une décision du tribunal. Généralement, un mineur et un inapte ne peuvent donc pas remplir ce rôle[5].

Attention! Le mineur émancipé par le mariage et, en certaines occasions, le mineur émancipé par une décision du tribunal peuvent occuper cette fonction. L'émancipation par le mariage assimile le mineur à un majeur. L'émancipation par une décision du tribunal permet au mineur de poser des actes de pure administration, tels que toucher des revenus, louer des immeubles, etc.

Une société de fiducie, c'est-à-dire une société qui se spécialise dans la gestion des biens pour autrui et qui est constituée comme telle, peut être nommée liquidateur, contrairement à toute autre compagnie, corporation ou société[6].

Comment choisir un liquidateur?

Vous devez considérer l'honnêteté et la compétence de la personne que vous désirez nommer comme liquidateur. Vous devez aussi porter votre choix sur un candidat en qui vous avez pleinement confiance. Le liquidateur doit être habile à éventuellement concilier les réclamations divergentes des héritiers ou à manier une situation familiale délicate. Le degré de compétence requis dépend des particularités de chaque succession, notamment de la nature et de la valeur prévisible de la succession. Vous pouvez donc choisir un parent, qu'il soit héritier ou non, un ami, votre conseiller juridique, votre comptable ou une société de fiducie. Votre liquidateur pourra, s'il le juge nécessaire, se faire assister par un conseiller juridique, ou tout autre professionnel, pour régler votre succession.

Pouvez-vous nommer plus d'un liquidateur?

En règle générale, le testament ne prévoit qu'un seul liquidateur. Vous pouvez toutefois en désigner plusieurs[7]. Cette mesure s'impose parfois en raison:

• de l'importance de la succession;

• de la difficulté du règlement de la succession;

• de l'absence possible de la personne à laquelle vous voulez principalement confier la charge; ou

• du désir de voir la succession réglée à la fois par un parent et par une personne ayant une plus grande expertise.

Si vous confiez le règlement de votre succession à plusieurs personnes, il vous faut préciser le rôle que vous entendez assigner à chacune d'elles. Si vous souhaitez leur attribuer les mêmes pouvoirs, prévoyez comment les décisions seront prises. À défaut de précisions à cet égard, les différents liquidateurs sont astreints à la règle de l'unanimité à moins que vos héritiers les en dispensent. Ainsi, l'absence provisoire d'un liquidateur empêche les autres d'accomplir les actes utiles au règlement de la succession. Cependant, vos liquidateurs pourront faire les actes conservatoires et ceux qui demandent célérité malgré l'empêchement de l'un d'eux d'agir[8].

Liquidateur, une fonction à vie?

Le liquidateur a ses pouvoirs pour tout le temps nécessaire à la liquidation complète de la succession. La loi ne prévoit plus de délai limite[9].

Lorsque le règlement de la succession se prolonge au-delà d'une année, le liquidateur doit rendre un compte annuel de sa gestion aux héritiers ainsi qu'aux créanciers et légataires particuliers impayés[10]. Cette reddition de compte se fait sans formalité, selon un mode acceptable à tous. La loi n'impose pas au liquidateur d'autres exigences relativement aux renseignements à fournir aux héritiers pendant le cours de l'année. Ils sont laissés à l'appréciation du liquidateur qui doit cependant agir honnêtement, avec diligence et bonne foi. Enfin, le liquidateur rend un compte définitif de sa gestion aux héritiers lorsque la liquidation de la succession est achevée (voir le chapitre «En dernier lieu...»)[11]. La tâche du liquidateur se termine lorsque le compte définitif est accepté, les biens délivrés et l'avis de clôture du compte inscrit au registre des droits personnels et réels mobiliers[12].

Important. Vous ne pouvez pas dispenser votre liquidateur de rendre compte de sa gestion.

Le liquidateur est-il rémunéré?

Le liquidateur a droit à une rémunération s'il n'est pas un héritier. L'héritier nommé liquidateur peut toutefois être rémunéré si le testateur l'a prévu ou si les héritiers en conviennent. Si la rémunération n'a pas été fixée par le testateur, elle devra l'être par les héritiers. En cas de désaccord de ces derniers, le tribunal fixera la rémunération du liquidateur[13].

Conseil. Précisez dans votre testament le montant ou le mode de calcul de la rémunération de façon à éviter toute controverse. Par exemple, lorsque le liquidateur est une société de fiducie, la rémunération est fixée selon un certain pourcentage établi par cette société.

Le liquidateur a également droit au remboursement des dépenses faites dans l'accomplissement de sa charge. Ces dépenses comprennent les frais judiciaires relatifs au règlement de la succession ainsi que les frais de notaire et d'inventaire. Ils comprennent également les sommes versées pour la perception des créances de la succession, la vente de biens, le paiement des dettes, etc.

À noter. La charge de liquidateur, même sans rémunération, ne justifie pas, aux yeux de la loi, l'absence au travail[14]. En revanche, il est possible qu'elle soit une excuse valable dans le cadre de conventions collectives particulières.

Enfin, le témoin d'un testament peut également être nommé liquidateur et peut recevoir une rémunération pour cette charge[15]. Par contre, le notaire qui reçoit un testament peut y être désigné comme liquidateur, mais à la condition de remplir cette charge gratuitement[16].

L'acceptation de la charge

L'acceptation de la charge de liquidateur n'est valable que si elle a lieu après le décès du testateur. Le liquidateur n'est pas lié par la promesse d'accepter qu'il a faite du vivant du testateur.

Il n'y a ni délai ni formalité particulière pour l'acceptation de la charge de liquidateur. Celui qui commence à agir en cette qualité ou qui accepte le legs fait en guise de rémunération pour ses services est considéré avoir accepté la fonction de liquidateur.

Le liquidateur peut-il se désister?

Une fois la charge acceptée, le liquidateur peut se désister de ses fonctions en avisant par écrit les héritiers et, le cas échéant, ses co-liquidateurs[17]. La démission du liquidateur prend effet à la date de réception de l'avis ou à une date postérieure qui y est indiquée. Le liquidateur n'a pas à justifier sa démission. Cependant, il doit réparer le préjudice causé par sa démission si elle est donnée sans motif sérieux et à contretemps, ou si elle équivaut à un manquement à ses devoirs[18].

Conseil. Vous pourriez prévoir dans votre testament une clause imposant certaines conditions à la démission de votre liquidateur, notamment certains délais, de façon à assurer la transition de l'administration de votre succession.

Le liquidateur peut-il refuser sa tâche?

La personne choisie n'est pas tenue d'accepter la charge de liquidateur d'une succession, à moins qu'elle ne soit le seul héritier[19]. En effet, il s'agit d'une charge obligatoire pour l'héritier unique. Cependant, ce dernier n'est tenu aux obligations du liquidateur qu'à compter de son acceptation de la succession.

La renonciation à la charge de liquidateur, comme son acceptation, n'est assujettie à aucun délai ni formalité particulière.

Conseil. Malgré tout, le liquidateur aurait intérêt à renoncer par écrit. Ainsi, pour éviter tout risque de responsabilité à l'égard du règlement de la succession, la renonciation peut prendre la forme d'une déclaration écrite pour fins de preuve et de publicité, rédigée devant notaire ou encore avec l'aide d'un avocat.

À noter. Le legs fait au liquidateur en guise de rémunération est nul si le liquidateur n'accepte pas la charge[20].

Comment vous prémunir contre un refus?

Bien que vous ne soyez pas obligé d'informer à l'avance la personne que vous désignez comme liquidateur dans votre testament, assurez-vous quand même de sa disponibilité et de sa volonté d'accepter la charge.

Par ailleurs, pour pallier le risque que le liquidateur choisi refuse la charge, vous pouvez nommer une deuxième personne qui agira en cas de renonciation ou de désistement de la première.

À noter. Les héritiers d'une succession sans testament peuvent également prévoir le remplacement du liquidateur qu'ils désignent.

Important. Si le liquidateur choisi par le testateur refuse la charge et que ce dernier n'a pas prévu de remplaçant, alors la charge de liquidateur incombe aux héritiers.

Et si le liquidateur n'agit pas correctement?

En tant qu'administrateur des biens de la succession, le liquidateur doit agir avec prudence et diligence, honnêteté et loyauté, dans le meilleur intérêt des héritiers[21]. Le liquidateur qui n'adopte pas une conduite conforme aux exigences qu'imposent ses obligations, engage sa responsabilité personnelle à l'égard de la perte subie par les héritiers.

Les héritiers peuvent entreprendre un recours contre le liquidateur s'il néglige de remplir sa charge, dilapide les biens de la succession ou se montre autrement infidèle à la mission que lui a confié le défunt. De plus, tout intéressé peut demander au tribunal de remplacer le liquidateur qui néglige ses devoirs ou ne respecte pas ses obligations[22].

À noter. Le liquidateur engage sa responsabilité personnelle à l'égard des créanciers de la succession et légataires particuliers lorsqu'il omet de rembourser les créanciers et de remettre les legs aux légataires particuliers[23].

Pour en savoir plus

Mon mari est décédé récemment. Il a laissé un testament dans lequel il ne nomme pas de liquidateur. Qui doit s'occuper de la succession?

La responsabilité du règlement de la succession vous incombe si vous êtes la seule héritière. Si votre mari a laissé plusieurs héritiers majeurs, ceux-ci procèdent ensemble à la liquidation de la succession ou nomment, à la majorité, un liquidateur. Si les héritiers n'arrivent pas à s'entendre sur le choix d'un liquidateur, alors le tribunal désignera le liquidateur à la demande d'un intéressé.

Mon frère et moi sommes tous deux nommés liquidateurs. Le testament spécifie de plus que nous devons agir ensemble. Or, mon

frère a dû s'absenter pour un mois. Dois-je attendre son retour pour régler la succession?

En principe, lorsqu'un testateur nomme plusieurs liquidateurs et qu'il spécifie que ceux-ci doivent procéder conjointement, ces liquidateurs ne peuvent agir séparément. Ce principe souffre cependant d'exceptions. En effet, en l'absence de votre frère, il vous est tout de même possible d'agir seul pour les actes conservatoires, c'est-à-dire des actes qui préservent l'état actuel des biens de la succession, ou pour les actes qui exigent célérité. Ce peut être le cas notamment si vous devez effectuer une réparation urgente sur un bien de la succession. De plus, si le testament ne l'interdit pas expressément, vous pouvez demander à votre frère de vous donner une procuration générale pour vous permettre d'agir seul en son absence.

RÉFÉRENCES

1) C.c.Q., art. 776 et 794
2) C.c.Q., art. 777
3) C.c.Q., art. 778
4) C.c.Q., art. 790
5) C.c.Q., art. 783
6) *Loi sur les sociétés de fiducie et les sociétés d'épargne*, L.R.Q., c. S-29.01
7) C.c.Q., art. 786
8) C.c.Q., art. 787
9) C.c.Q., art. 777
10) C.c.Q., art. 806
11) C.c.Q., art. 820
12) C.c.Q., art. 822
13) C.c.Q., art. 789
14) *Loi sur les normes du travail*, L.R.Q., c. N-1.1, art. 80 et 81
15) C.c.Q., art. 760
16) C.c.Q., art. 724
17) C.c.Q., art. 1357
18) C.c.Q., art. 1359
19) C.c.Q., art. 784
20) C.c.Q., art. 753
21) C.c.Q., art. 1309
22) C.c.Q., art. 791
23) C.c.Q., art. 815

deuxième partie

ET SI RIEN N'EST PRÉVU?

Chapitre 3

L'absence de testament

Vous pouvez oublier ou refuser de faire un testament. Si vous décédez sans avoir rédigé vos dernières volontés, qui seront vos héritiers? Comment seront partagés vos biens? C'est la loi qui donne réponses à ces questions.

Pour que s'appliquent les règles prévues dans la loi québécoise relativement à la succession sans testament, deux conditions doivent être remplies. D'abord, le défunt ne doit avoir laissé aucun testament. De plus, il devait être domicilié au Québec au moment de son décès[1].

À noter. Les règles d'une succession sans testament peuvent s'appliquer malgré l'existence d'un testament. Par exemple, vous léguez votre automobile et votre maison à deux personnes. Vous ne prévoyez rien quant au reste de vos biens. La distribution des biens non mentionnés dans votre testament sera faite selon les règles de la succession sans testament.

Les règles à connaître

Le partage des biens d'une succession sans testament doit être fait selon les modalités prévues au *Code civil du Québec*.

Les ordres de succession

Vos parents sont appelés à se partager vos biens. Pour déterminer lesquels ont priorité sur les autres, votre famille est classifiée en ordres et par degré de parenté[2]. Chacun des ordres a, en principe, priorité sur le suivant. De plus, à l'intérieur de chaque ordre, le rang de vos héritiers est déterminé selon la proximité de leur degré de parenté avec vous. De façon générale, cette classification a pour but de favoriser vos proches parents.

Par exemple, le premier ordre de succession attribue le tiers des biens du défunt au conjoint survivant et les deux tiers à ses descendants. Jean décède et laisse dans le deuil son épouse Lucie, son père Philippe, deux enfants, Isabelle et Nathalie, et un petit-fils, Charles. Philippe n'hérite pas puisque la priorité va à Lucie pour le tiers des biens et à Isabelle, Nathalie et Charles, pour les deux tiers. De plus, en ce qui concerne ces derniers, la priorité selon le degré de parenté entre en jeu. Charles est éclipsé de la succession au profit d'Isabelle et de Nathalie, celles-ci étant au 1er degré par rapport à Jean alors que Charles est au 2e degré. En ce sens, à l'intérieur de chaque ordre de succession, le plus proche parent hérite au détriment du plus éloigné. Isabelle et Nathalie reçoivent donc chacune le tiers des biens de Jean.

À noter. Exceptions faites du conjoint marié et de l'enfant légalement adopté, les parents n'héritent que s'ils ont des liens de sang avec le défunt. Ainsi, les «alliés» ou parents par alliance, tels un beau-frère, un gendre, etc. sont écartés de la succession.

Dans l'éventualité où vous décédez sans avoir de famille immédiate (père, mère, soeur, frère, neveu et nièce), les autres membres de votre famille (grands-parents, oncles, tantes, cousins, cousines, etc.) peuvent hériter. Si telle est la situation, dans la plupart des cas la moitié de votre succession reviendra aux personnes de la famille de votre père, alors que la famille du côté de votre mère se partagera l'autre moitié. Le *Code civil du Québec* détermine la priorité de chacun.

Important. Si vous n'avez pas de parent au-delà du huitième degré, les biens de votre succession appartiennent à l'État[3].

La représentation

La représentation est un mécanisme légal grâce auquel les descendants d'un héritier qui ne peut hériter, reçoivent la part à laquelle cet héritier aurait eu droit[4].

Quand la représentation a-t-elle lieu?

Les situations suivantes donnent ouverture à la représentation:

•l'héritier qui devait normalement hériter, est prédécédé, c'est-à-dire décédé avant la personne dont il devait hériter;

•l'héritier est codécédé, c'est-à-dire décédé en même temps que la personne dont il devait hériter; ou

•l'héritier est indigne, par exemple il a été reconnu coupable du meurtre du défunt (voir le chapitre «Ce que tout héritier devrait savoir»).

Jusqu'où la représentation peut-elle s'étendre?

La représentation est admise à l'intérieur des limites suivantes:

•à l'infini chez les descendants du défunt. Ainsi, les enfants de l'héritier prédécédé, codécédé ou indigne peuvent hériter à la place de celui-ci. Mais si les enfants de cet héritier sont également morts, les petits-enfants peuvent hériter à sa place. Par exemple, Claude doit hériter de son père qui est mort sans testament. Claude a un fils, Benoit et une petite-fille, Marina. Si Claude est mort avant son père, Benoit recevra la part que Claude aurait reçue. Mais si Claude et Benoit sont morts, Marina recevra alors la part de Claude;

•la représentation est également admise en ligne collatérale, mais seulement en faveur des descendants des frères et soeurs du défunt, c'est-à-dire les neveux et nièces, petits-neveux et petites-nièces, etc. Par exemple, Chantal et Béatrice doivent hériter de leur frère Michel qui est mort sans testament. Béatrice a un fils, François. Si Béatrice est morte avant Michel, François peut recevoir la part de sa mère.

•la représentation n'a pas lieu chez les ascendants. Par exemple, Jean doit hériter de son fils Louis, qui est mort sans testament. Si Jean est mort avant Louis, les parents de Jean n'hériteront pas à sa place.

Attention! Les descendants d'un héritier qui a renoncé à la succession ne peuvent le représenter et recueillir les biens dont il aurait hérité.

QUI HÉRITE DE QUOI?			
La famille du défunt	La part d'héritage	Possibilité de représentation	Possibilité de fente successorale
Conjoint Enfant, petit-enfant, etc. * D'autres parents	1/3 2/3 Exclus	Oui	
Aucun conjoint Enfant, petit-enfant, etc. * D'autres parents	Tout Exclus	Oui	
Conjoint Aucun enfant, petit-enfant, etc. * Père, mère D'autres parents	2/3 1/3 Exclus		
Conjoint Aucun enfant, petit-enfant Frère, soeur, neveu, nièce * Aucun père et mère D'autres parents	2/3 1/3 Exclus	Oui	Oui
Conjoint Aucun enfant, petit-enfant, etc. Aucun frère, soeur, neveu ou nièce Aucun père et mère D'autres parents	Tout ** Exclus		
Aucun conjoint Aucun enfant, petit-enfant Père, mère Frère, soeur, neveu, nièce * D'autres parents	 1/2 1/2 Exclus	Oui	Oui
Aucun conjoint Aucun enfant, petit-enfant, etc. Aucun père, mère Frère, soeur, neveu, nièce * D'autres parents	 Tout	Oui	Oui

La famille du défunt	La part d'héritage	Possibilité de représentation	Possibilité de fente successorale
Aucun conjoint Aucun enfant, petit-enfant, etc. Père, mère Aucun frère, soeur, neveu, nièce D'autres parents	Tout Exclus		

*Les parents d'un plus proche degré de parenté avec le défunt écartent de la succession les parents d'un degré plus éloigné. Par exemple, le petit-enfant n'hérite pas si le défunt laisse un enfant et le neveu non plus si le frère ou la soeur du défunt peut recueillir la succession.

**Le conjoint du défunt n'hérite donc de la totalité des biens du défunt que dans des circonstances exceptionnelles.

À noter. Ce tableau illustre les situations les plus courantes.

La fente successorale

La fente successorale est un autre mécanisme propre aux successions sans testament et qui oblige en certains cas à partager les biens du défunt entre les branches paternelle et maternelle de la famille[5].

Par exemple, Éric décède et ne laisse pour seuls parents que son grand-père maternel et ses deux grands-parents paternels. Ses biens sont divisés en parts égales par branche familiale. Le grand-père maternel hérite de la moitié des biens et les grands-parents paternels se partagent l'autre moitié.

La fente successorale est d'application assez rare. Elle peut toutefois être imposée lorsque les héritiers sont nés de différents mariages.

Par exemple, Antoine décède, laissant dans le deuil son épouse Marie et trois frères, Paul, Serge et Louis. Marie hérite des deux-tiers des biens et Paul, Serge et Louis de l'autre tiers.

Des trois frères, seul Paul est né du même mariage qu'Antoine. Les parents d'Antoine s'étant tous les deux remariés, Louis est son demi-frère par sa mère et Serge son demi-frère par son père.

Le tiers des biens qui reviennent aux trois frères se partagent par branche familiale:

• un sixième à la branche paternelle, soit à Paul et Serge; et

• un sixième à la branche maternelle, soit à Paul et Louis.

Paul a donc droit à une plus grande part, étant né des mêmes parents qu'Antoine.

Cas pratiques

Jean et sa première épouse, Louise, sont divorcés. De leur union est né un enfant, Luc. En 1977, Jean se remarie avec Claire. Ils ont deux enfants, Marie et Sylvie. Marie est issue du mariage et Sylvie est adoptée légalement.

Pour tous les exemples suivants, si Jean et Claire n'étaient pas mariés, seuls leurs enfants ou autres héritiers légaux pourraient recevoir une part de leur succession. Dans le cas d'une union de fait, Jean n'est pas un héritier de Claire et cette dernière n'est pas une héritière de Jean.

Marie Jean Claire Sylvie   Louise Luc

1. Jean décède dans un accident. Claire hérite du tiers de la succession. Les enfants, Luc, Marie et Sylvie, se partagent les deux tiers. Sylvie est une héritière au même titre que les autres enfants puisque les enfants adoptés ont les mêmes droits et les mêmes obligations que les autres.

Marie   Jean   Claire   Sylvie   Louise   Luc

2. Jean et Claire décèdent simultanément dans un accident. La succession de Jean est partagée en trois parts égales, soit un tiers à Luc, un tiers à Marie et un tiers à Sylvie.

La succession de Claire est partagée entre ses deux filles en parts égales, soit la moitié à Marie et la moitié à Sylvie.

Marie   Jean   Claire   Sylvie   Louise   Luc

3. Jean et Luc décèdent simultanément dans un accident. La succession de Jean est partagée de la façon suivante: Claire reçoit un tiers et les enfants, Marie et Sylvie, se partagent les deux tiers en parts égales.

La succession de Luc est partagée en deux parts égales. La première moitié va à sa mère, Louise. L'autre moitié est partagée entre ses deux demi-soeurs, Marie et Sylvie, en parts égales.

Marie   Jean   Claire   Sylvie   Louise   Luc

4. Luc décède dans un accident. Sa succession est partagée en deux. La première moitié est partagée en parts égales entre son père, Jean, et sa mère, Louise. L'autre moitié est partagée entre ses deux demi-soeurs, Marie et Sylvie, en parts égales.

Marie   Jean   Claire   Sylvie   Louise   Luc

5. Jean, Claire, Luc, Marie et Sylvie décèdent simultanément sans qu'il n'ait pu être établi si l'un d'eux avait survécu aux autres.

La succession de Jean est partagée en deux moitiés. La première moitié est divisée entre son père et sa mère. L'autre moitié est séparée également entre ses frères et ses soeurs. Si l'un des parents de Jean est décédé, l'autre parent reçoit sa part. Si les deux parents de Jean sont décédés, leur part accroîtra à ses frères et soeurs. Si Jean n'avait pas de frère ou de soeur lui ayant survécu, leur part accroîtra à ses neveux et nièces.

La succession de Claire est distribuée comme celle de Jean. La succession de Marie est séparée en deux parts égales: une moitié revient à la famille de Jean et une moitié, à la famille de Claire. La succession de Sylvie est séparée de la même façon que celle de Marie. La succession de Luc est entièrement dévolue à sa mère, Louise.

PARTAGE DANS LES FAMILLES IMMÉDIATES						
	Héritiers					
	Jean	Claire	Marie	Sylvie	Luc	Louise
Jean décède		1/3	2/9	2/9	2/9	0
Jean et Claire décèdent						
succession de Jean			1/3	1/3	1/3	0
succession de Claire			1/2	1/2	0	0
Jean et Luc décèdent						
succession de Jean		1/3	1/3	1/3	0	0
succession de Luc		0	1/4	1/4		1/2
Luc décède	1/4	0	1/4	1/4		1/4

Le recours des héritiers oubliés

Il n'est pas nécessaire d'obtenir une attestation d'un tribunal pour confirmer la distribution des biens. Cependant, une personne peut prétendre avoir droit à une participation dans une succession sans testament. Si elle se croit oubliée ou lésée par les personnes qui se sont chargées de régler la succession, elle peut présenter une requête devant le tribunal du lieu d'ouverture de la succession pour faire valoir son point de vue. Cette demande doit être soumise dans les 10 ans de l'ouverture de la succession.

Qui s'occupe du règlement de la succession?

Puisque le défunt n'a pas désigné de liquidateur, cette charge incombe aux héritiers. Les héritiers doivent alors agir ensemble pour régler la succession à moins qu'ils ne désignent eux-mêmes, à la majorité, un liquidateur.

Les héritiers peuvent également prévoir le mode de remplacement du liquidateur ainsi que l'étendue de ses pouvoirs (voir le chapitre «Le liquidateur»).

Les inconvénients

Une succession sans testament comporte plusieurs désavantages. L'inconvénient majeur est le fait que le défunt n'a pas pu exprimer ses dernières volontés. De plus, les règles concernant la distribution des biens sont strictes et ne tiennent nullement compte de la situation particulière de chaque héritier ou des désirs du défunt. Enfin, la succession sans testament prend habituellement plus de temps à se régler, compte tenu des nombreuses règles qu'il faut respecter.

Cas vécus

Ces cas, où aucun testament n'avait été rédigé par le défunt, illustrent quelques inconvénients des successions sans testament.

◆ Pierre L. et Lucie G. étaient mariés depuis 30 ans lorsqu'un accident d'automobile a emporté Pierre et laissé Lucie handicapée pour le restant de ses jours. Au moment de l'accident, Marc, leur enfant unique, était majeur et gagnait très bien sa vie.

Lucie n'a reçu que le tiers de la succession de son mari. Son état de santé nécessitait toutefois des soins sa vie durant et l'a obligée à quitter son emploi.

♦Solange P. et Yves V. ne voulaient pas se marier. Ils avaient toutefois pris le soin de rédiger une entente dans laquelle ils prévoyaient se donner mutuellement leurs biens en cas de décès. Solange est décédée subitement.

Yves n'a pas hérité. Tous les biens de Solange ont été distribués à ses parents et à ses frères et soeurs. L'entente faite n'était pas valide. En effet, ce type de clause n'a effet que si elle est insérée dans un testament ou un contrat de mariage.

♦Gabrielle D. a eu trois enfants. L'un d'eux était gravement malade à la naissance et n'a jamais pu subvenir à ses besoins. Toute sa vie, Gabrielle avait épargné en prévision du jour où elle ne serait plus là pour assurer la subsistance de cet enfant.

Les trois enfants ont hérité en parts égales des biens et des économies de Gabrielle, indépendamment de leur situation et des désirs de leur mère.

♦Françoise G. était mariée et avait un enfant en bas âge lorsqu'elle est décédée. Elle avait rédigé un testament par lequel elle léguait tous ses biens à son mari, Yvon L. Celui-ci s'est remarié et un enfant est né de ce second mariage. Yvon L. est décédé quelques années plus tard.

La seconde épouse a hérité du tiers des biens d'Yvon et les deux enfants se sont partagés les deux autres tiers. Les biens de Françoise ont donc plus profité à la deuxième conjointe d'Yvon et à l'enfant qu'ils ont eu qu'au propre enfant de Françoise.

♦Josée D. avait quitté son premier mari et vivait avec Sylvain P. depuis dix ans lorsqu'elle est décédée. Elle n'avait jamais demandé le divorce.

Le premier mari et les parents de Josée ont hérité de ses biens.

♦Paul S. et Louise V. étaient mariés depuis 40 ans au décès de Paul. À part sa conjointe, il avait pour seule famille une nièce dont il n'avait plus de nouvelles depuis 15 ans.

La nièce a reçu le tiers des biens de son oncle et Louise, les deux tiers.

Pour en savoir plus

Mon épouse est décédée sans avoir fait de testament. Nous avons deux enfants, Jean et Marie. Marie est adoptée. Qui sont les héritiers?

Comme votre épouse est décédée en laissant un conjoint et des enfants, ceux-ci hériteront de la totalité de la succession. En tant que conjoint survivant, vous recevrez donc le tiers de la succession, alors que vos deux enfants se partageront les deux autres tiers. En effet, Marie est une héritière au même titre que votre fils puisque les enfants adoptés légalement ont les mêmes droits que les autres.

Mon mari est décédé sans avoir fait de testament. Nous avons eu trois enfants. Avant notre mariage, mon mari a eu un premier enfant avec une femme qu'il n'a jamais épousée. Ce premier enfant va-t-il recevoir une part de l'héritage de mon mari?

Absolument. Tous les enfants d'une personne décédée sans testament sont héritiers, quelles que soient les circonstances de leur naissance. En tant que conjoint survivant, vous hériterez donc du tiers de la succession de votre mari, alors que ses quatre enfants se partageront les deux autres tiers en parts égales.

RÉFÉRENCES

1) C.c.Q., art. 613
2) C.c.Q., art. 666 à 684
3) C.c.Q., art. 683 et 696
4) C.c.Q., art. 660 à 665
5) C.c.Q., art. 676 et 679 à 682

troisième partie

LE DÉCÈS SURVIENT, QUE FAIRE?

Chapitre 4

Les premières démarches

Et si vous deviez faire face à la mort d'un proche? Quand survient un décès, il y a beaucoup à faire malgré la peine éprouvée. Les funérailles ne peuvent attendre très longtemps et certains actes relatifs au règlement de la succession doivent être posés rapidement. Comment vous y retrouver?

À la recherche des dernières volontés

Une des premières démarches à entreprendre est de déterminer si le défunt avait inscrit ses dernières volontés dans un testament ou dans un contrat de mariage.

La recherche d'un testament

En principe, le dernier testament du défunt permet de régler la succession. Il faut donc vérifier si le défunt avait fait un testament ou vous assurer que celui que vous avez en main est bien le plus récent et qu'il n'a pas été modifié par un acte subséquent. Cette tâche incombe au liquidateur de la succession, s'il est connu au moment du décès (voir le chapitre «Le liquidateur»).

Vous pouvez vous adresser à la Chambre des notaires et au Barreau du Québec pour savoir si un testament n'y a pas été recensé.

À noter. Pour savoir si un testament a été enregistré à la Chambre des notaires ou au Barreau du Québec, vous devez remplir le formulaire du registraire de ces organismes et y joindre un certificat de décès. Des frais de 10,00$ plus taxes, pour un total de 11,13$ sont exigés dans les deux cas. Les renseignements que le registre de la Chambre des notaires gardait confidentiels peuvent être transmis, après le décès du testateur, à toute personne qui produit une demande en bonne et due forme. Quant au Barreau du Québec, il ne communique que le nom de l'avocat qui détient l'original du testament.

Par ailleurs, l'ouverture du coffret de sûreté peut vous révéler bien des secrets et même... un testament! Le liquidateur ou, à défaut de liquidateur désigné, les héritiers font ouvrir le coffret de sûreté. L'institution financière exige généralement une preuve du décès et de votre qualité d'héritier ou de liquidateur. La preuve de la qualité d'héritier peut se faire par une déclaration signée par les membres de la famille du défunt. Si la clé est introuvable, des frais seront exigés pour le remplacement de la serrure qui devra être endommagée.

Enfin, le testament peut aussi se trouver dans les papiers du défunt.

Le contrat de mariage

Certaines donations à cause de mort contenues dans un contrat de mariage peuvent être considérées comme un testament (voir le chapitre «Votre testament»).

Les notaires doivent faire inscrire un avis de tous les contrats de mariage qu'ils possèdent au registre des droits personnels et réels mobiliers. De plus, les contrats de mariage qui contiennent des donations immobilières entre vifs doivent être inscrits au registre foncier de la circonscription où se trouve l'immeuble.

Attention! Le testament et les contrats de mariage ne couvrent peut-être pas toutes les situations. Si c'est le cas, une partie de la succession sera alors sous l'égide des dispositions touchant le règlement des successions sans testament (voir le chapitre «L'absence de testament»).

Les funérailles

Le testament peut révéler les désirs du défunt au sujet de ses funérailles.

Le devoir de veiller aux funérailles, et de prendre les décisions si le testament est silencieux sur ce sujet, incombe d'abord aux proches. Si la famille ne s'en charge pas, le liquidateur doit le faire.

La vérification du testament

Le testament notarié étant un acte authentique, aucune formalité n'est nécessaire pour en assurer la validité. Par contre, le testament olographe ou devant témoins doit être vérifié par un tribunal de la Cour supérieure. Il en va de même pour les modifications au testament initial non notariées.

Pourquoi faire vérifier un testament?

La vérification d'un testament sert à prouver que la forme du testament est valide et à permettre, par la suite, d'en obtenir des copies authentiques. Le tribunal doit constater qu'il s'agit bien d'un testament du testateur.

Attention! La vérification du testament n'a pas pour effet de prouver que le contenu du testament est valide. Une personne peut contester un legs contenu dans le testament même si celui-ci est vérifié. Toutefois, elle ne peut soutenir que ce n'est pas le testament du testateur.

Qui fait la demande?

Le liquidateur doit demander la vérification du testament[1].

Si aucun liquidateur n'est nommé, toute personne intéressée à ce que la succession se règle, c'est-à-dire tout héritier ou tout créancier du défunt, peut demander la vérification du testament.

Comment procéder?

Si vous souhaitez faire vérifier un testament, vous devez présenter une requête en vérification de testament devant la Cour supérieure. Cette démarche n'est autorisée qu'après le décès du testateur.

La requête en vérification de testament peut être préparée par un notaire, un avocat ou par vous-même. Le recours aux services d'un professionnel est généralement conseillé.

La requête doit être présentée dans le district judiciaire où le testateur était domicilié au moment de son décès. Si le testateur n'était pas domicilié au Québec lors de son décès, la requête peut être présentée dans le district où il est décédé ou encore dans celui où il a laissé des biens[2].

Important. À moins d'obtenir une dispense du tribunal, la requête en vérification de testament doit être signifié à tous les héritiers et successibles connus, afin qu'ils soient informés de la demande de vérification et puissent intervenir, le cas échéant[3]. La dispense est accordée si cette signification s'avère peu pratique ou trop onéreuse.

Les formalités de la demande

La requête doit être accompagnée d'un certificat de décès de même que du testament original. Vous devez aussi y joindre une déclaration écrite et assermentée d'un témoin. Dans le cas d'un testament olographe, le témoin déclare qu'il connaît très bien l'écriture et la signature du testateur. En règle générale, la déclaration d'un seul témoin suffit.

Dans le cas d'un testament devant témoins, un des témoins du testament déclare:
- qu'il était effectivement présent lorsque le testateur a signé ou reconnu sa signature;
- que le testament a été fait selon les volontés du testateur;
- que le testament a été fait sans recours à la force; et
- que toutes les formalités ont été respectées.

Important. Si les témoins sont introuvables ou décédés, vous devez détenir une déclaration assermentée d'une personne qui connaissait le testateur et sa signature. Cette personne ne doit pas être un héritier. Elle doit déclarer que la signature du testateur est bien celle apparaissant sur le testament.

Le juge peut demander toute autre preuve qu'il considère nécessaire. Par exemple, il peut exiger une analyse de l'écriture du testateur.

Si le testament n'est pas daté, il vous faut mentionner dans la requête que des recherches ont été faites et qu'aucun autre testament n'a été retrouvé. En présence de deux testaments, dont l'un est daté et l'autre pas, le testament daté a priorité, à moins qu'il ne soit prouvé que le testament non daté a été rédigé plus tard. Si les deux testaments ne mentionnent aucune date, la détermination du testament valide est une question de preuve.

À noter. La personne qui demande la vérification peut être représentée par un notaire ou un avocat.

Peut-on faire vérifier un testament perdu ou détruit?

Il n'est pas possible de faire vérifier un testament si vous n'avez pas l'original en votre possession. C'est le cas notamment lorsque le testament a été perdu ou détruit lors d'un incendie, d'une inondation, d'un déménagement, d'un vol, etc. Dans ce cas, il faut faire une action en reconstitution du testament et en prouver le contenu, l'origine et la régularité de façon concluante et non équivoque. Cette action doit être signifiée à tous les héritiers ainsi qu'aux légataires particuliers.

À noter. La personne qui intente une action en reconstitution peut être représentée par un avocat mais non par un notaire puisqu'il s'agit de matière contentieuse.

Les effets de la vérification

Si le testament n'est pas vérifié, il n'y a aucune preuve qu'il est valide et qu'il provient du testateur. Par conséquent, lorsque vous demandez le transfert des comptes d'épargne, du produit de l'assurance-vie, etc., le transfert est refusé.

En revanche, lorsque le testament est vérifié, cela signifie que le tribunal accepte ce testament comme étant celui du testateur. Également, la vérification assure la conservation de l'original du testament et rend celui-ci public et utilisable. Dès lors, vous pouvez en obtenir des copies. Ces copies, émises par le protonotaire, sont les reproductions conformes des originaux.

DE QUELS DOCUMENTS AVEZ-VOUS BESOIN?

Une démarche importante du règlement de la succession consiste en la collecte des documents permettant de prouver certains faits, d'établir correctement l'état du passif et de l'actif de la succession ainsi que de transférer les biens du défunt.

Les principaux documents nécessaires au règlement d'une succession sont les suivants:

• certificat de décès. Ce document s'obtient en communiquant votre demande par courrier, par téléphone ou au comptoir de la Direction de l'état civil ;

• billet, c'est-à-dire reconnaissance de dette ou autre titre de créance;

• carte d'assurance-maladie;

• carte d'assurance sociale;

• certificat de naissance;

• certificat de mariage;

• certificat de placement;

• certificat d'actions;

• certificat d'immatriculation de l'automobile;

• contrat de mariage;

• contrat de régime enregistré d'épargne-retraite (REER). En règle générale, un relevé de compte suffit;

• contrat de régime de participation différée aux bénéfices (RPDB);

• contrat de rentes;

• contrat de régime enregistré de pension (REP);

• contrat de société;

• contrat d'hypothèque;

• contrat d'emprunt;

• convention d'actionnaires;

• compte de frais funéraires;

• déclarations de revenus de l'année précédant le décès;

• états financiers personnels et de l'entreprise, s'il y a lieu;

• factures à payer;

• fonds enregistré de revenu de retraite (FERR);

• inventaire manuscrit des biens avec, si possible, leur valeur au moment du décès;

• jugement de divorce ou de séparation de corps;

• livret de compte d'épargne;

• police d'assurance-vie;

• testament et acte modifiant le testament; et

• titres de propriété.

Retracer les héritiers

Si le défunt a laissé un testament, le liquidateur doit aviser les héritiers du décès et des dernières volontés du défunt.

La lecture formelle du testament n'est pas nécessaire.

Conseil. Il est toutefois plus prudent de faire cette lecture ou de remettre une copie du testament aux héritiers et même aux successibles. Cela permet d'éviter les imprécisions et de vous assurer que personne ne reste sous une fausse impression face au testament. Un successible est une personne qui pourrait, à défaut de testament, prétendre à la succession du défunt. Par exemple, Jean décède, laissant un testament par lequel il lègue tous ses biens à son épouse, Marie. Outre son épouse, lui survivent ses trois fils. Marie est donc sa seule héritière. Ses trois fils sont des héritiers potentiels. En effet, s'il n'y avait pas de testament, Marie hériterait d'un tiers et ses trois fils des deux tiers des biens.

Si le défunt n'a pas laissé de testament ou qu'aucun liquidateur n'est nommé, une rencontre des héritiers est souhaitable. Elle leur permet de savoir exactement ce qui se passe, de s'entendre sur le mécanisme du règlement de la succession et de nommer un liquidateur si désiré.

L'héritier est introuvable

Que faire si l'un des héritiers est introuvable? Il faut entreprendre des recherches raisonnables pour le retrouver. Il est même parfois nécessaire de faire appel à une maison spécialisée, lorsqu'il y a des raisons de croire qu'il existe des héritiers dont l'adresse est inconnue. Peut-être faudra-t-il également songer à faire paraître un avis de recherche dans les journaux.

Y avez-vous pensé?

Plusieurs tâches sont nécessaires pour mener à bien le règlement de la succession.

Les mesures les plus urgentes

Les mesures qui visent à protéger les biens du défunt exigent une certaine diligence. Il s'agit entre autres des mesures suivantes:

• *le transfert des fonds du compte d'épargne du défunt*: les fonds du compte du défunt doivent être transférés dans un compte au nom de la succession. Ce nouveau compte permet de déposer les sommes reçues au nom du défunt ou de la succession et de payer les factures.

Les institutions financières exigent la production de certains documents pour effectuer le transfert, tels le testament, le contrat de mariage, le certificat de décès, etc.

• *l'avis à la compagnie d'assurances*: certaines assurances du défunt doivent être annulées, notamment l'assurance salaire, l'assurance invalidité, etc. Pour d'autres types d'assurances, il faut effectuer un changement de nom d'assuré, par exemple pour l'assurance hypothèque, une fois la déclaration de transmission inscrite (voir le chapitre «En dernier lieu...»).

•*l'avis à l'employeur du défunt*: en plus d'informer l'employeur du décès de l'employé, cet avis permet de récupérer, s'il y a lieu, les sommes dues au défunt telles les salaires impayés, les remboursements de dépenses, etc. et de vérifier si le défunt bénéficiait au travail d'un régime collectif d'assurance ou de retraite.

•*l'annulation des cartes d'identité*: la carte d'assurance sociale du défunt doit être transmise à un Centre d'emploi du Canada avec une copie du certificat de décès et une note explicative. Ces documents peuvent aussi être expédiés au Fichier central de la Commission de l'Emploi et de l'Immigration du Canada.

La carte d'assurance-maladie doit être envoyée à la Régie de l'assurance-maladie du Québec avec le formulaire «Inscription-modification 1» dûment rempli. Ce formulaire est disponible dans les pharmacies, les CLSC, les hôpitaux, à Communication-Québec et à la Régie.

Le permis de conduire du défunt doit être retourné à la Société de l'assurance automobile. Celle-ci émet un remboursement s'il y a lieu.

•*l'annulation des cartes de crédit*: les compagnies émettrices des cartes de crédit doivent être avisées du décès. Les cartes doivent leur être retournées ou être détruites.

•*l'annulation de prestations et allocations*: lorsqu'une personne bénéficiaire des prestations de la Sécurité de la vieillesse du Canada décède le premier jour du mois, une copie du certificat de décès doit être transmise à Santé et Bien-être social Canada. Dans les autres cas, l'avis peut se faire par téléphone. Le chèque doit être retourné à la fin du mois pour qu'il soit annulé et émis au nom de la succession. Ce chèque est le dernier que la Sécurité de la vieillesse du Canada versera.

Santé et Bien-être social Canada doit être avisé si un enfant pour lequel des allocations familiales provinciales ou fédérales sont versées décède, ou si la personne qui les reçoit décède.

Important. N'oubliez pas d'assurer la protection ou la mise à l'abri de certains biens, comme l'automobile, ainsi que de veiller au suivi du courrier du défunt.

LES PRINCIPALES INFORMATIONS NÉCESSAIRES AU RÈGLEMENT D'UNE SUCCESSION

La connaissance de certaines informations est nécessaire pour remplir adéquatement les différents formulaires, actes et autres formalités propres au règlement de la succession. Les plus importantes sont les suivantes:

• nom et prénom du défunt;

•surnom;

•date de naissance;

•lieu de naissance et lieu d'enregistrement de la naissance;

•occupation;

•adresse;

•numéro d'assurance sociale;

•nom et adresse de l'employeur;

•nom, occupation, adresse, date de naissance et numéro d'assurance sociale du conjoint;

•date et lieu du mariage;

•domicile des époux au moment du mariage;

•nom et date de naissance des enfants;

•date et lieu du décès;

•cause du décès;

•nom et adresse du médecin traitant;

•si aucun descendant, noms des frères, soeurs, père et mère;

•noms, adresses et numéros d'assurance sociale des héritiers;

•nom, adresse et numéro de téléphone du liquidateur; et

•nom, adresse et numéro de téléphone du comptable du défunt.

Pour en savoir plus

Ma mère est décédée il y a peu de temps. Je suis liquidateur. L'une des clauses du testament prévoit un legs à sa soeur Johanne. Or, cette tante n'a pas donné signe de vie depuis de nombreuses années.

J'ignore totalement où elle réside et même si elle est encore vivante. Puis-je la considérer comme une héritière introuvable?

Avant de décider qu'un héritier est introuvable, il faut entreprendre des démarches raisonnables. Il ne suffit pas de s'appuyer sur le fait que la personne n'a pas donné de ses nouvelles depuis longtemps. Vous devez donc faire une recherche sérieuse et peut-être même faire appel à une maison spécialisée s'il est probable que cette personne est toujours vivante.

Nous avons fait vérifier le testament olographe de notre père, comme la loi l'exige. Or, la Cour ne l'a pas reconnu. Que devons-nous faire?

Si la Cour ne reconnaît pas qu'il s'agit bien du testament du défunt, le testament n'est alors pas valide. Dans un tel cas, vous devez vérifier s'il n'y a pas un autre testament fait antérieurement. S'il y en a effectivement un, celui-ci règlera la succession après avoir été vérifié et reconnu valide. À l'inverse, s'il n'existe aucune disposition antérieure ou aucun testament reconnu valide par la Cour, les biens seront dévolus suivant les règles de la succession sans testament.

RÉFÉRENCES

1) C.c.Q., art. 803
2) C.p.c., art. 887 à 891
3) C.c.Q., art. 772

Chapitre 5

Le logement du défunt

Un de vos proches vient de mourir. Au moment du décès, il était locataire. En tant qu'héritier, vous avez tout intérêt à décider rapidement de ce que vous désirez faire du logement et à en avertir le locateur. Normalement, les héritiers sont représentés dans ces démarches par le liquidateur. Quels sont les choix offerts et les obligations qui en découlent?

Qui est responsable du logement?

À son décès, tous les biens, les droits et les obligations du défunt passent aux héritiers qui acceptent sa succession (voir les chapitres «Ce que tout héritier devrait savoir» et «Les dettes»). Ce sont eux qui deviennent responsables du logement à compter du décès. Ainsi, ils doivent acquitter tout paiement de loyer en retard qui n'aurait pas été payé par le liquidateur à même les liquidités de la succession.[1]

À noter. Le liquidateur doit veiller à payer les dettes du défunt, à même la succession. S'il oublie par négligence de payer les dettes, il peut être poursuivi en paiement. Il peut par la suite demander remboursement aux héritiers.

Le défunt habitait seul

Le décès du locataire n'entraîne pas automatiquement l'annulation du bail[2]. Si le défunt habitait seul, vous pouvez, selon le cas, résilier le bail, sous-louer le logement ou céder le bail, ou habiter le logement.

Résilier le bail

Résilier le bail, c'est y mettre fin de façon définitive. Le locateur reprend le logement et le locataire n'a plus aucune obligation envers lui.

Ainsi, si vous n'êtes pas intéressé à conserver le bail, vous pouvez le résilier dans les six mois du décès. Vous devez donner au locateur un avis de trois mois à ce sujet[3]. À défaut d'agir ainsi, vous êtes lié par le bail.

Attention! Le loyer doit être payé jusqu'à trois mois suivant l'avis de résiliation.

Par exemple, votre père décède sans testament le 19 février 1994. Vous êtes son seul survivant. Vous héritez donc de tout, y compris du bail de son logement. Vous n'êtes pas intéressé par son logement. Vous devez aviser le locateur. Votre avis doit être envoyé entre le 20 février 1994 et le 20 août 1994. Malgré cela, vous voulez que tout soit réglé rapidement. Vous faites parvenir l'avis le 11 mars 1994. Vous êtes libéré du logement et du paiement du loyer à compter du 11 juin 1994, soit trois mois plus tard.

Sous-louer le logement ou céder le bail

Bien souvent, les héritiers veulent éviter le paiement de trois mois ou plus de loyer qu'implique une résiliation. Ils optent alors pour une sous-location ou une cession de bail. Vous pouvez le faire si aucune clause du bail ne l'interdit. Cependant, certaines formalités doivent être respectées.

Ainsi, à moins que le locateur n'ait renoncé à ce droit au moment de la signature du bail, la sous-location et la cession nécessitent son accord.

Conseil. Il est prudent d'obtenir ce consentement par écrit[4].

La demande doit indiquer clairement les nom et adresse du sous-locataire ou du cessionnaire[5]. Le locateur peut refuser une personne comme sous-locataire ou cessionnaire s'il a des motifs sérieux pour ce faire. L'insolvabilité est habituellement reconnue comme un refus justifié[6].

Attention! Si le locateur ne répond pas dans les 15 jours de la réception de l'avis, il est réputé avoir consenti à la sous-location ou à la cession.[7]

Si ces règles ne sont pas respectées, le locateur peut résilier le bail. La sous-location ou la cession consentie est également annulée.

La sous-location

La sous-location permet aux héritiers de garder des droits dans le bail pour que, par exemple, l'un d'eux l'habite un jour. Ils deviennent le locateur du sous-locataire.

Attention! La succession ou les héritiers supportent le paiement du loyer jusqu'à ce que le logement soit sous-loué.

Le locateur peut expulser le sous-locataire si les héritiers ne remplissent pas leurs obligations, par exemple s'ils ne payent pas le loyer. De plus, ceux-ci doivent assurer au sous-locataire la jouissance du logement, tels qu'ils s'y étaient engagés. Enfin, le locateur peut leur reprocher les fautes du sous-locataire.

Exemple

Yvan, légataire universel de son père, a sous-loué le bail du logement à sa cousine Berthe avec l'accord de Gaston, le locateur. Un mois après, Berthe est mécontente parce que des voisins font du bruit la nuit. Yvan l'est aussi, parce que Berthe ne veut pas lui payer son loyer tous les mois. Finalement, Gaston se plaint parce qu'Yvan ne le paie que tous les trois mois contrairement à ce qui est stipulé au bail.

Dans ce cas, Gaston peut poursuivre Gaetan ou Yvan afin d'obtenir, conformément au bail, le paiement du loyer tous les mois. Yvan devra se retourner vers Berthe pour se faire rembourser. Berthe peut se plaindre du bruit à Yvan, qui demandera à Gaston d'assurer le calme de l'immeuble. Si Gaston ne fait rien, Berthe peut poursuivre Gaston ou Yvan qui, lui, poursuivra Gaston.

La cession de bail

Pour réduire les obligations quant au bail, il est avantageux de procéder par cession de bail. La personne à qui le bail est cédé acquiert tous les droits et les obligations du défunt sur le logement.

Attention! La succession ou les héritiers supportent le paiement du loyer jusqu'à ce que le bail soit cédé.

En cas de problème, le nouveau locataire a un recours direct contre le locateur et non contre les héritiers. Ces derniers sont libérés de leurs obligations envers le locateur.

Exemple

Georges, seul héritier de sa mère, a cédé son bail à Sylvie. De sérieux problèmes de chauffage se déclarent. Sylvie ne peut se plaindre qu'à Pierre, le locateur principal. Devant l'inaction de Pierre, elle arrête de payer son loyer. Pierre peut poursuivre Sylvie. Si Sylvie est insolvable, le locateur ne peut pas demander à Georges de payer le loyer puisque celui-ci n'a plus d'obligation envers lui.

Habiter le logement

Si les héritiers ou l'un d'entre eux veulent habiter le logement, une lettre à cet effet doit être transmise au locateur. Une copie des documents établissant leurs droits sur le logement doit y être jointe.

Sur réception de cet avis, le locateur doit laisser les héritiers occuper le logement. Vous devez observer les mêmes obligations que le défunt, comme celles de payer le loyer, utiliser le logement de façon prudente et raisonnable et réparer les dommages. Le bail se poursuit alors jusqu'à son terme.

Important. Le locateur peut empêcher la prolongation du bail lorsqu'il s'agit d'un logement repris par des héritiers.

Entre le moment du décès et celui de la reprise du logement, les loyers sont à la charge de la succession ou répartis entre les différents héritiers.

Si une seule personne veut occuper le logement, elle doit obtenir l'accord des autres héritiers. Cet accord devrait être écrit, à moins que le bail ne soit spécialement légué à cette personne.

Conseil. Les héritiers qui ne désirent pas occuper le logement devraient céder tous leurs droits dans le bail à celui qui veut l'habiter afin de ne plus avoir d'obligations à cet égard. Cette entente devrait être constatée par écrit. À défaut d'une telle entente, tous les héritiers demeurent responsables du logement.

Le défunt partageait son logement

Si le défunt était le seul signataire du bail mais partageait le logement avec une autre personne, les intentions de cette dernière doivent être prises en considération.

Important. Vous devez laisser deux mois à l'occupant pour prendre sa décision. Ce n'est qu'après ce délai que vous pouvez entreprendre des démarches relatives au logement.

L'autre occupant désire continuer d'occuper le logement

Si l'autre occupant veut demeurer dans le logement, il lui suffit simplement de continuer à l'habiter et d'envoyer un avis écrit de son intention au locateur dans les deux mois du décès[8]. Le locateur ne peut pas alors s'opposer à cette décision. Les héritiers sont ainsi libérés de toute responsabilité. Le locateur n'a plus aucun recours contre eux à compter de l'avis d'intention.

Conseil. Même si la loi ne l'exige pas, il est préférable de faire parvenir au liquidateur ou aux héritiers, selon le cas, une copie de l'avis donné au locateur.

L'occupant du logement doit respecter toutes les obligations liées au bail. Il doit payer le loyer depuis le décès. Il en est de même s'il n'envoie pas l'avis mais demeure dans le logement et que personne ne s'y oppose.

Attention! Le locateur qui laisse une personne occuper son logement sans rien dire ne peut, après quelques mois, l'expulser sous prétexte qu'il n'a pas reçu d'avis[9].

L'autre occupant désire quitter le logement

Vous pouvez alors résilier le bail[10]. Après les deux mois de réflexion accordés à l'occupant, vous devez envoyer un avis d'un mois au locateur. Les trois mois de loyer qui s'écoulent donc entre le décès et la résiliation sont à la charge de la succession ou répartis entre les héritiers.

Attention! Les délais ne changent pas même si l'occupant quitte avant leur expiration. Par exemple, Pierre et Georges sont les seuls héritiers de leur mère, Marthe. Ils deviennent donc responsables du bail du logement qu'elle occupait avec Louise. Cette dernière n'avait pas signé le bail. Elle dispose d'un délai de deux mois à compter du décès pour décider si elle désire rester à cet endroit ou non. Un mois après le décès, elle décide de quitter le logement et en informe Pierre et Georges. Ces derniers ne sont pas intéressés à garder ce logement. Ils ne peuvent envoyer tout de suite l'avis de résiliation au locateur. Ils doivent attendre que le délai de deux mois qu'avait Louise pour prendre une décision soit écoulé. Ils devront donc payer au locateur les trois mois de loyer dus entre le décès et l'entrée en vigueur de la résiliation.

AVIS: COMMENT, OÙ ET QUAND?

Comment et où?

Tous les avis liés au bail doivent être:
- rédigés par écrit, dans la même langue que le bail; et
- envoyés à l'adresse figurant au bail ou à une autre adresse si le locataire ou le locateur a donné un avis écrit à cet effet[11].

Conseil. Immédiatemment après le décès, il est prudent d'aviser par écrit le locateur de l'adresse à laquelle les avis doivent dorénavant être envoyés.

L'avis qui ne respecte pas ces règles est généralement considéré comme nul et le destinataire n'a pas à y répondre. Toutefois, si la langue et l'adresse ne respectent pas la forme prévue, l'avis peut quand même être valide. Il faut alors que cela ne cause aucun tort ni préjudice à celui qui l'a reçu.

Quand?

Les délais sont calculés selon les règles suivantes:
- le jour qui marque le point de départ du délai ne compte pas. Par exemple, si un avis est envoyé le 31 mars, le 1er avril est le premier jour de calcul du délai;
- le jour d'échéance est compté s'il tombe en même temps que la fin du bail; et
- si le dernier jour de calcul est un jour férié, un samedi ou un dimanche, le délai est prolongé au jour ouvrable suivant[12].

Exemple

Les héritiers veulent résilier le bail. Ils doivent le faire dans les six mois du décès, survenu le 19 mars. Le jour du décès ne compte pas, le calcul du délai commence le 20 mars. La période de six mois expire dimanche le 20 septembre. Le délai pour résilier le bail se termine donc le 21 septembre.

Attention! Tout avis lié à un bail et expédié par la poste est présumé avoir été envoyé et reçu le jour de l'oblitération postale[13]. Toutefois, il est possible de faire échec à cette présomption. Par exemple, le fait de ne pas avoir reçu un avertissement à l'effet que du courrier recommandé attendait a été jugé une raison suffisante[14].

L'extension de délai

En principe, les délais liés au bail sont impératifs[15]. S'ils ne sont pas respectés, les droits ne peuvent plus être exercés.

Un locataire et un locateur ne peuvent s'entendre pour les allonger ou pour y renoncer d'avance[16]. Toutefois, si l'un d'eux laisse involontairement expirer un délai, ils peuvent demander à la Régie du logement de le prolonger. Le retard doit alors être justifié par des motifs raisonnables[17]. Par exemple, la maladie ou un avis laissé sans réponse en raison d'un décès sont considérés comme suffisants pour accorder une extension de délai. Par contre, la négligence à aller chercher le courrier recommandé ne permet jamais une mesure spéciale.

Attention! La Régie du logement n'est jamais tenue d'accéder à cette demande.

Le défunt était colocataire

Si le défunt partageait son logement et que tous les occupants avaient signé le bail, quelques problèmes risquent de se poser si rien n'a été prévu en cas de décès de l'un d'eux.

En effet, chacun des colocataires est propriétaire d'une partie du bail. Puisque les héritiers du défunt ne peuvent détenir plus que ce que le défunt avait, ils n'ont de droits que sur une partie du bail. L'autre partie appartient toujours aux autres colocataires.

Les intérêts des héritiers peuvent entrer en conflit avec ceux des colocataires. Peuvent-ils résilier le bail, occuper le logement ou céder leur partie? Autant de questions qui dépendent des faits et des clauses du bail. La négociation avec les autres colocataires restent la voie la plus sûre pour en arriver à une entente satisfaisante pour tous.

Conseil. Afin d'éviter d'en arriver là, lisez soigneusement les différentes clauses du bail afin de déterminer si des précisions ont été prévues à cet effet. Il peut s'agir de l'une ou l'autre des clauses suivantes:

•les héritiers ont l'obligation de céder leurs droits dans le bail aux colocataires survivants; ou

•le bail est automatiquement résilié au décès de l'un des colocataires. Dans ce cas, les loyers sont pris en charge par les colocataires survivants et la succession ou les héritiers, du décès jusqu'à la résiliation, s'il y a lieu.

LES AVIS ET LES DÉLAIS		
AVIS	**DÉLAI**	**EFFET**
Avis de résiliation par les héritiers	Dans les six mois du décès	Trois mois après l'envoi
Avis de reprise du logement au locateur par la personne qui partageait le logement	Dans les deux mois du décès	Dès l'envoi
Avis de résiliation au locateur par les héritiers suite au refus du droit de reprise	Après l'expiration du délai de deux mois pour l'avis de reprise par la personne qui partageait le logement	Un mois après l'envoi
Avis de non-prolongation par le locateur aux héritiers ayant repris le logement	• *Bail de 12 mois ou plus:* entre six et trois mois avant la fin du bail	Fin du bail
	• *Bail de moins de 12 mois:* entre deux et un mois avant la fin du bail	Fin du bail
	• *Bail à durée indéterminée* aucun	Un mois après l'envoi

Quelques situations particulières

Des règles différentes peuvent s'appliquer, selon le type de logement qu'habitait le défunt. Il peut en être ainsi par exemple si le défunt résidait dans une habitation à loyer modique (HLM). Les héritiers peuvent généralement résilier le bail en donnant un avis d'un mois au locateur. La cession du bail et la sous-location du logement sont toutefois interdites. De même, les intentions de la personne qui occupait le logement doivent être prises en considération.

Le défunt peut par ailleurs avoir habité une chambre d'un centre d'accueil public visé par la *Loi sur les services de santé et les services sociaux* et détenant un permis du ministère. Des règles particulières interviennent dans ce cas. Le bail peut généralement être résilié dès les décès et la succession ou les héritiers n'assument alors que les frais impayés du loyer jusqu'au décès.

Attention! Les résidences privées pour personnes âgées obéissent aux règles générales. Certains baux peuvent prévoir des ententes particulières qui ne sont pas conformes à ces règles. En cas de contestation, ce sont les règles générales qui prévalent.

Les documents à présenter au locateur

Lorsqu'un locataire décède, le locateur exige habituellement certains documents justificatifs des personnes qui agissent au nom du défunt. Il s'assure ainsi qu'elles ont le pouvoir de prendre une décision concernant le logement.

Certains documents doivent être présentés en tout temps. Il s'agit:
•du certificat de décès; et
•du certificat de recherche testamentaire du registre de la Chambre des notaires et de celui du Barreau du Québec. Ces documents indiquent si un testament est répertorié ou non et le nom du notaire ou de l'avocat qui le détient, s'il y a lieu.

S'il y a un testament, il faut de plus le présenter avec le codicille s'il y a lieu et, si le testament est non notarié, avec le jugement de vérification du tribunal.

S'il n'y a pas de testament, le contrat de mariage, le jugement de divorce ou de séparation du défunt et une déclaration d'hérédité sont les documents supplémentaires à présenter au locateur.

Conseil. S'il s'agit d'une succession où le nombre d'héritiers est élevé et que les liens entre eux sont complexes, il est recommandé de faire rédiger cette déclaration d'hérédité par un notaire. Ce document précise le nom des héritiers et l'ordre dans lequel ils se présentent à la succession.

Enfin, lorsque les héritiers ont nommé un liquidateur pour les représenter, la preuve de cette nomination est de plus exigée.

Pour en savoir plus

Mon père, récemment décédé, vivait seul dans un logement. En tant qu'héritier, j'ai décidé de continuer d'habiter son logement. Le propriétaire s'oppose à cette décision. Puis-je habiter le logement malgré son opposition?

Si vous respectez les obligations auxquelles était tenu votre père à titre de locataire, le propriétaire ne peut s'opposer à votre venue. Cependant, il pourra refuser de prolonger le bail lorsque celui qui est en cours présentement arrivera à échéance.

Ma mère, qui était veuve, est décédée sans testament. Elle avait deux enfants, ma soeur et moi-même. Elle était locataire d'un logement dans un duplex. Nous avons donné au propriétaire l'avis de résiliation du bail dès le lendemain du décès. Combien de mois de loyer devrons-nous payer? Et comment?

Votre avis de résiliation prend effet dans les trois mois qui suivent son envoi. Vous devez donc payer les loyers impayés jusqu'à cette date. Vous pouvez acquitter ces sommes à même la succession ou les payer vous-mêmes, chacun pour moitié.

RÉFÉRENCES

1) C.c.Q., art. 823
2) C.c.Q., art. 1884
3) C.c.Q., art. 1939
4) C.c.Q., art. 1870
5) C.c.Q., art.1870
6) *Geiger* c. *Cohen*, [1962] C.S. 222; *Drozdzinski* c. *Zemel*, [1954] C.S. 163; *Pratt* c. *Beirne*, [1978] C.P. 118; *Marinelli* c. *Carrière*, [1981] D.R.L. 116 (C.L.); C.c.Q., art. 1871
7) C.c.Q., art. 1871
8) C.c.Q., art. 1938
9) *Patenaude* c. *Hubert*, J.L. 83-90
10) C.c.Q., art. 1938
11) C.c.Q., art. 1898
12) *Loi sur la Régie du logement* (L.R.L.), L.R.Q., c. R-8.1, art. 87
13) *Règlement sur la procédure devant la Régie*, R.R.Q. 1981, c. R-8.1, r.4, art. 2
14) *Melchert* c. *Leclerc*, J.L. 85-107 (R.L.); *Progestin Inc.* c. *Montour*, J.L. 84-58 (C.P.)
15) C.c.Q., art.1893
16) *Aberman* c. *Flanders*, [1975] D.C.L. 77 (C.L.)
17) L.R.L., précitée, art. 59

Chapitre 6

Ce que tout héritier devrait savoir

En tant qu'héritier pouvez-vous... hériter? Est-il toujours avantageux d'être héritier? Les successions peuvent parfois réserver de mauvaises surprises. Ainsi, si vous héritez, que ce soit par le biais d'une succession avec ou sans testament, vous devez être informé de certaines réalités.

Pouvez-vous hériter?

Pour pouvoir hériter, les héritiers doivent exister au moment du décès. Ainsi, ils peuvent être seulement conçus mais dans ce cas, ils doivent être en mesure de vivre lorsqu'ils naissent[1]. Par exemple, Marie est enceinte lorsque son conjoint décède. À sa naissance, l'enfant sera un héritier. Si l'enfant est mort-né, il n'est pas un héritier.

Le mineur et l'inapte, quoique ne pouvant généralement pas faire valablement de testament, peuvent hériter.

L'héritier absent

Au même titre qu'une autre personne physique qui existe au moment de l'ouverture de la succession, l'absent présumé vivant à cette époque peut succéder[2].

L'absent est présumé vivant durant les sept ans qui suivent sa disparition, à moins que son décès ne soit prouvé avant l'expiration de ce délai[3].

Conséquemment, l'absent sera dans la même situation qu'un successible et s'il ne s'est pas manifesté lui-même ou par son représentant dans les dix ans de l'ouverture de son droit, il sera, comme le successible, réputé avoir renoncé à la succession[4].

Si l'absent ne se manifeste pas dans le délai de dix ans, les biens qui lui étaient destinés iront à ses cohéritiers, à moins que le testateur n'ait prévu cette éventualité.

Par exemple, le testament peut comporter la clause suivante: «Je lègue tous mes biens meubles et immeubles à mon épouse Martine, ou à défaut pour elle de pouvoir les recueillir, à mon fils Louis-André». En l'absence de Martine, les biens qu'elle aurait recueillis profiteront à son fils, si elle ou son représentant ne s'est pas manifesté dans les dix ans de l'ouverture de la succession.

Enfin, si le testateur n'a rien prévu et que l'absent n'a pas de cohéritier, les biens sont distribués suivant les règles d'une succession sans testament.

L'héritier indigne

La loi prévoit que certains héritiers ne peuvent recevoir leur part des biens du défunt. Il en va ainsi de l'héritier indigne. Un héritier est automatiquement indigne de succéder dans les cas suivants:

• il est déclaré coupable d'avoir attenté à la vie du défunt; ou

•il est déchu de l'autorité parentale sur son enfant, avec dispense pour celui-ci de l'obligation alimentaire, à l'égard de la succession de cet enfant[5].

Par ailleurs un héritier peut être déclaré par le tribunal indigne de succéder dans les cas suivants:

•il a exercé des services sur le défunt ou a eu autrement envers lui un comportement hautement répréhensible;

•il a recelé, altéré ou détruit de mauvaise foi le testament du défunt; ou

•il a gêné le testateur dans la rédaction, la modification ou la révocation de son testament[6].

Toutefois, l'héritier n'est pas indigne de succéder et ne peut être déclaré tel si le défunt, connaissant la cause d'indignité, l'a néanmoins avantagé par testament et n'a pas par la suite modifié son testament alors qu'il aurait pu le faire[7].

Le cas particulier des successions testamentaires

Pour pouvoir prétendre au titre d'héritier, il n'est pas nécessaire que vous existiez au moment où le testament est fait ni que vous y soyez désigné ou identifié de manière expresse.

Il faut que vous soyez reconnu, lors du décès du testateur, comme étant la personne que celui-ci avait l'intention d'avantager. Ainsi, s'il est écrit dans le testament: «Je lègue tous mes biens meubles à mes neveux et nièces issus du mariage de mon frère André Gosselin avec Françoise Tremblay», les neveux et nièces issus de ce mariage hériteront même si leurs noms ne sont pas mentionnés dans le testament. Par contre, les neveux et nièces issus d'un second mariage d'André n'hériteront pas.

Les legs sans effet

Un legs peut être sans effet, par exemple, parce que le bien ne pouvait être légué ou que l'héritier choisi ne peut ou ne veut l'accepter[8]. Un legs est sans effet entre autres dans les cas suivants:

•si l'héritier meurt avant le testateur (sauf si la représentation est permise);

•si le legs est affecté d'une condition et que l'héritier meurt avant que la condition ne se réalise ou que l'héritier ne respecte pas la condition posée. Par exemple, un legs pourrait être ainsi libellé, «Je lègue $1 000 à ma nièce Camille à condition qu'elle termine ses études universitaires». Si Camille meurt avant d'avoir pu terminer ses études universitaires ou ne termine jamais ses études universitaires pour une autre raison, elle ne recevra pas le 1 000$;

•si l'héritier refuse de recevoir le legs;

•si l'héritier ne peut recueillir le legs, par exemple:

– le témoin du testament;

– le notaire qui a reçu le testament, son conjoint ou un de ses proches parents;

– le liquidateur qui refuse sa tâche, si le legs a pour but de le rémunérer;

– le propriétaire, l'administrateur ou le salarié d'un établissement de santé où le testateur était soigné au moment de la rédaction du testament, sauf s'il s'agit de son conjoint ou d'un proche parent; et

– le membre d'une famille d'accueil, qui hébergeait le testateur au moment de la rédaction du testament[9];

•si la chose léguée n'existe plus ou n'appartient plus au testateur au moment du décès parce qu'elle a été détruite, vendue, etc. avant que le testateur décède[10]. Par exemple, une clause testamentaire pourrait prévoir le legs suivant: «Je lègue ma bicyclette à ma sœur Sophie». Si la bicyclette est jetée ou vendue avant le décès du testateur, ce legs n'existe plus.

Toutefois, si la perte du bien survient au décès du testateur, à l'ouverture du legs ou par la suite et que le bien est assuré, l'indemnité d'assurance est versée à l'héritier qui aurait dû recevoir le bien[11].

En règle générale, sauf dans les cas où le bien légué n'existe plus ou n'appartient pas au testateur, le legs qui n'a plus d'effet profite à une autre personne qu'à celle désignée dans le testament.

Ainsi, le legs universel ou à titre universel profite aux héritiers qui auraient pu le recevoir s'il n'y avait pas eu de testament, à moins que le testateur n'ait prévu favoriser une autre personne ou qu'il ne puisse y avoir représentation. Par exemple, un legs pourrait être ainsi inscrit, «Je lègue tous mes biens meubles et immeubles à mon épouse Charlotte». Si Charlotte ne peut recevoir le legs et qu'elle n'a pas de descendants, les règles d'une succession sans testament s'appliquent. Ainsi, tous les biens meubles et immeubles seront partagés entre les héritiers légaux. Par contre, le testateur peut avoir prévu la clause suivante, «Je lègue tous mes biens meubles et immeubles à mon épouse Charlotte. À défaut pour elle de pouvoir recevoir ce legs, je lègue tous ces biens à ma sœur Hortense». Dans ce cas, c'est Hortense qui héritera des biens légués.

Par ailleurs, le legs particulier revient à l'héritier ayant une vocation universelle ou à titre universel, c'est-à-dire à celui qui aurait normalement reçu le bien si le legs particulier n'avait pas existé. Par exemple, un testament comporte les deux clauses suivantes: «Je laisse tous mes biens meubles à mon épouse Chantal» et «Je laisse mon congélateur à ma sœur Estelle». Si le legs fait à Estelle ne peut prendre effet, le congélateur reviendra à Chantal puisque c'est à elle que revient l'ensemble des biens meubles.

La succession déficitaire

Une succession implique non seulement les biens, l'actif du défunt, mais aussi ses obligations et dettes, le passif. Si la succession a plus de passif que d'actif, elle est déficitaire. Si vous acceptez une telle succession, vous n'êtes tenu, en principe, de payer les dettes de la succession que jusqu'à concurrence de la valeur des biens reçus. Cependant, vous êtes personnellement responsable de ces dettes si vous décidez de ne pas faire d'inventaire (voir le chapitre «Les dettes»)[12].

Quelles options s'offrent aux héritiers?

Vous êtes désigné comme héritier? Deux options s'offrent à vous, accepter la succession, ou y renoncer.

Vous avez six mois, à compter du jour où votre droit d'hériter s'est ouvert, pour exercer votre option[13]. Si vous connaissez votre qualité d'héritier et que vous ne renoncez pas dans ce délai de six mois, vous êtes présumé avoir accepté, sauf si le tribunal prolonge ce délai[14].

L'acceptation

Si vous acceptez une succession, vous avez l'obligation de payer les dettes de la succession jusqu'à concurrence de la valeur des biens que vous recevez[15].

Important. Lorsqu'il y a testament, votre obligation aux dettes peut cependant varier selon que vous êtes un légataire universel, à titre universel ou particulier (voir le chapitre «Les dettes»).

L'acceptation n'a pas besoin d'être faite par écrit. Certains gestes peuvent démontrer qu'une succession a été acceptée. Il s'agit principalement du fait de réaliser des actifs, c'est-à-dire lorsque vous vendez des biens de la succession en votre nom, en disposez et en touchez le capital.

Attention! Si vous acceptez la succession, vous ne pouvez plus y renoncer par la suite.

La renonciation

Si vous savez que la succession est déficitaire, vous pouvez y renoncer. La renonciation doit être expresse, elle ne peut être implicite. Elle se fait devant notaire et elle doit être inscrite au registre des droits personnels et réels mobiliers[16].

À noter. Celui qui renonce est réputé n'avoir jamais hérité et ne peut évidemment être condamné à payer les dettes du défunt[17]. Vous avez six mois à compter du jour où votre droit à la succession est ouvert, pour y renoncer[18]. Même si vous renoncez, vous pouvez toujours revenir sur votre décision, dans la mesure où la succession n'a pas été acceptée par quelqu'un d'autre[19].

Enfin, lorsqu'il y a renonciation dans le cas d'une succession sans testament, les héritiers qui restent se partagent la part à laquelle un des leurs a renoncé (voir le chapitre «L'absence de testament»).

Important. Il n'y a pas de représentation dans le cas d'une renonciation. Par exemple, Renaud a deux héritiers légaux, ses fils Marc et Fabrice. Marc a une fille, Brigitte. Si Marc renonce à sa part de succession, Fabrice recevra l'héritage en entier. En effet, Brigitte ne pourra recevoir la part de son père car la représentation ne s'opère pas dans le cas d'une renonciation.

Par ailleurs, s'il s'agit d'une succession testamentaire, les biens ayant fait l'objet de la renonciation deviennent des legs sans effet et sont traités comme tels[20].

Le rapport

Si un héritier a reçu un don du défunt pendant son vivant, il n'a pas à le remettre à la succession pour participer au partage, sauf si le défunt l'y a obligé de façon expresse, par exemple dans son testament[21]. Si vous êtes dans cette situation et ne remettez pas le don reçu, qu'il s'agisse d'une somme d'argent ou d'un bien, la valeur du don peut être déduite de votre part dans la succession.

Important. En règle générale, le bénéficiaire désigné d'une police d'assurance n'a pas à rapporter les sommes qu'il reçoit de la compagnie d'assurance.

Pour en savoir plus

Je suis l'héritière unique de mon frère. Je n'ai pas encore décidé d'accepter la succession, ne sachant pas si celle-ci est déficitaire ou non. Or, mon frère était propriétaire d'un petit commerce qui risque de subir des pertes si personne ne s'en occupe. Je souhaiterais donc administrer ce commerce de façon provisoire. Si je le fais, serais-je considérée comme ayant accepté tacitement sa succession?

Pas nécessairement. En effet, l'héritier peut poser des actes conservatoires, de surveillance ou d'administration à l'égard des biens de la succession sans que cela ne constitue une acceptation tacite. Vous pouvez par exemple faire effectuer une réparation urgente sur l'un des biens de la succession, renouveler un certificat de dépôt, continuer le commerce d'un défunt pour éviter les pertes, etc. Mais prenez garde de ne pas agir comme héritier mais plutôt comme simple administrateur, sans quoi vous perdrez votre droit de renoncer.

Je suis héritier de mon grand-père. Je suis âgé de 17 ans. Que dois-je faire?

En règle générale, vous devez être représenté par un tuteur pour pouvoir hériter. Normalement, vos père et mère sont vos tuteurs légaux et peuvent refuser ou accepter pour vous la succession, sans autre formalité, si la valeur des biens en jeu est inférieure à 25 000$. Si la valeur des biens excède ce montant, vos parents doivent obtenir l'autorisation du conseil de tutelle. En l'absence de vos parents, le tuteur qui vous est nommé peut accepter ou refuser la succession pour vous avec l'autorisation du conseil de tutelle, peu importe la valeur des biens.

RÉFÉRENCES

1) C.c.Q., art. 617
2) C.c,Q., art. 617
3) C.c.Q., art. 85
4) C.c.Q., art. 650
5) C.c.Q., art. 620
6) C.c.Q., art. 621
7) C.c.Q., art. 622
8) C.c.Q., art. 750 à 762
9) C.c.Q., art. 760, 759, 753 et 761
10) C.c.Q., art. 751
11) C.c.Q., art. 751
12) C.c.Q., art. 799, 823 et 834
13) C.c.Q., art. 632
14) C.c.Q., art. 633
15) C.c.Q., art. 823
16) C.c.Q., art. 646 et 2938
17) C.c.Q., art. 647
18) C.c.Q., art. 632
19) C.c.Q., art. 649
20) C.c.Q., art. 750
21) C.c.Q., art. 867

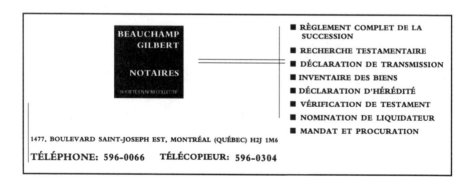

Chapitre 7

Les dettes

Avant de procéder au partage des biens de la succession, le liquidateur paie les dettes et, dans le cas d'une succession testamentaire, les legs particuliers de la succession. Les dettes à payer sont celles contractées par le défunt avant son décès, les dépenses des funérailles et les frais encourus après le décès par la succession pour l'administration du patrimoine du défunt.

Qui est responsable des dettes du défunt?

Le liquidateur n'est pas, en cette seule qualité, personnellement responsable pour les dettes du défunt. Mais s'il néglige de payer les dettes de la succession, il peut être destitué et tenu personnellement responsable des dommages qui en résultent pour les héritiers. De plus, il engage sa responsabilité personnelle s'il ne procède pas à l'inventaire des biens de la succession sans avoir été dispensé de le faire par tous les héritiers et successibles (voir le chapitre «Le liquidateur»)[1].

Avec quoi payer les dettes?

Les dettes sont payées à même les liquidités de la succession. En se basant sur le bilan successoral qu'il a préalablement établi, le liquidateur détermine si la succession est manifestement solvable, non manifestement solvable ou insolvable.

Si la succession est manifestement solvable, c'est-à-dire si les biens de la succession sont suffisants pour payer tous les créanciers et légataires particuliers et qu'une provision est prévue pour payer des créances qui font l'objet d'une action en justice, le liquidateur paie les créanciers et les légataires connus, au fur et à mesure qu'ils se présentent[2]. Dans cette situation, le liquidateur peut même verser des acomptes aux créanciers d'aliments (voir le chapitre «Unis pour le meilleur... et pour le pire») et aux héritiers et légataires particuliers de sommes d'argent[3].

Si la succession est non manifestement solvable, le liquidateur ne peut payer les dettes de cette dernière ni les legs particuliers, avant l'expiration de soixante jours à compter de l'inscription de l'avis de clôture de l'inventaire[4]. Toutefois, le liquidateur peut payer avant l'expiration de ce délai les comptes usuels ou urgents.

Si la succession est insolvable, le liquidateur ne peut payer aucune dette ou legs particulier avant d'avoir rempli les formalités suivantes:
- avoir dressé un état complet des actifs et des passifs de la succession;
- avoir donné avis aux personnes intéressées par un éventuel paiement;
- avoir fait approuver par le tribunal une proposition de paiement[5].

Conformément à la proposition de paiement, le liquidateur paie ensuite les créanciers de la succession dans l'ordre suivant:
- les créanciers prioritaires ou hypothécaires, suivant leur rang;
- les autres créanciers et s'il ne peut les rembourser entièrement, il les paie en proportion de leur créance;
- les créanciers d'aliments (pension alimentaire) en proportion de leur créance, s'il ne peut les rembourser entièrement; et
- les légataires particuliers[6].

Enfin, le liquidateur peut vendre ou diminuer la valeur d'un bien légué à titre particulier si les autres biens sont insuffisants pour payer toutes les dettes[7].

La responsabilité des héritiers

Après la liquidation, il reste certaines obligations qui doivent être assumées par les héritiers et parfois par les légataires particuliers.

Bien que les héritiers ne sont tenus au paiement des dettes et des legs particuliers que jusqu'à concurrence de la valeur des biens qu'ils recueillent, leur responsabilité personnelle est cependant engagée, dans les situations suivantes:

•ils dispensent le liquidateur de faire l'inventaire et négligent de le faire eux-mêmes;

•avant l'inventaire, ils confondent les biens de la succession avec leurs biens personnels[8].

Les légataires particuliers, quant à eux, ne sont tenus au paiement des dettes et des legs restés impayés par le liquidateur que si les biens reçus par les héritiers sont insuffisants pour les acquitter[9].

À noter. Le mineur, le majeur inapte ou l'absent ne peut jamais être tenu au paiement des dettes de la succession au-delà de la valeur des biens qu'il recueille[10].

Quelques dettes à ne pas oublier

Lorsque vous acceptez une succession, vous prenez en quelque sorte la place du défunt. En ce sens, vous continuez sa personnalité juridique. Certaines des obligations que le défunt avait contractées ne s'arrêtent pas au décès. Les héritiers doivent donc y donner suite.

Les dettes personnelles

L'une des dettes personnelles à laquelle en tant qu'héritier vous devez le plus souvent faire face demeure le prêt hypothécaire. Cette dette fait partie de la succession lorsque le défunt a contracté un prêt hypothécaire et qu'il n'a pu le rembourser entièrement avant son décès. Si le défunt avait pris une assurance qui prévoit le remboursement de la balance du prêt en cas de décès, vous n'avez plus rien à payer. Dans le cas contraire, vous serez tenu de rembourser au prêteur la balance du prêt suivant les mêmes modalités que celles qui prévalaient entre le prêteur et le défunt.

La balance impayée d'une automobile constitue une deuxième dette personnelle qu'une personne peut laisser à sa succession. En effet, beaucoup de gens choisissent d'acheter une automobile à crédit, c'est-à-dire qu'ils échelonnent leurs paiements sur plusieurs mois, voire sur plusieurs années. Or, si le défunt n'avait pas terminé les paiements au moment de son décès, vous devez vous en charger en suivant les mêmes modalités que celles contractées par le défunt. Si vous ne voulez pas continuer les paiements, il vous est conseillé de vendre la voiture de manière à rembourser la dette à même le prix de vente.

À noter. Le testament peut prévoir qui doit payer ces dettes.

La caution

Qu'arrive-t-il si le défunt s'était porté caution?

À noter. Une personne se porte caution lorsqu'elle s'engage à remplir l'obligation d'une autre personne au cas où celle-ci ne la remplirait pas elle-même. Par exemple, Laurent emprunte 100 000$ de la banque pour partir en affaires. La banque accepte de prêter l'argent à Laurent si quelqu'un se porte caution. William se porte caution. Ainsi, si Laurent ne rembourse pas la banque, celle-ci peut exiger que la caution s'exécute à la place de Laurent. William devra donc rembourser à la banque l'argent que doit Laurent.

Les héritiers d'une personne qui s'est portée caution ont les mêmes responsabilités que celle-ci. Donc, si Laurent ne paie pas et que William décède, les héritiers de William devront payer.

Conseil. Avant d'accepter une succession, vérifiez si le défunt ne s'était pas porté caution et dans l'affirmative, l'importance du montant auquel il peut être obligé.

La responsabilité civile

Le défunt pouvait être poursuivi en responsabilité civile.

À noter. Une personne est poursuivie en responsabilité civile lorsqu'elle a commis une faute qui a entraîné des dommages à une autre personne et que cette autre personne désire obtenir réparation.

Si vous héritez d'une personne poursuivie en responsabilité civile, vous pouvez être poursuivi à sa place. Par exemple, Laurence poursuit Camille en responsabilité civile. Camille décède avant que le procès ne soit terminé. Laurence peut alors poursuivre les héritiers de Camille. Si Laurence gagne sa cause, les héritiers seront donc tenus de payer ce que Camille aurait dû payer.

Pour en savoir plus

Mon épouse m'a désigné dans son testament comme son légataire universel. Elle avait par ailleurs souscrit avant de mourir à une police d'assurance-vie dont je suis le bénéficiaire. Elle a nommé notre notaire à titre de liquidateur. Or, la succession comporte certaines dettes. Notre notaire peut-il se servir du produit de l'assurance-vie pour payer ces dettes?

Non. En effet, le liquidateur paie les dettes avec les biens et sommes d'argent qui appartiennent à la succession. Or, il ne peut se servir du produit de l'assurance-vie payable à un bénéficiaire désigné qui serait en même temps légataire, car cette assurance ne fait pas partie de la succession.

Mon oncle décédé il y a peu de temps m'a laissé sa voiture à titre de legs particulier. Or, mon oncle avait acheté cette voiture à crédit et n'avait pas terminé de la payer au moment de son décès. Dois-je rembourser au vendeur la balance de paiement?

Non, puisque les légataires particuliers ne sont pas tenus de payer les dettes de la succession. Or, la balance de paiement de la voiture constitue une dette de la succession qui doit être assumée par ceux qui continuent la personnalité juridique du défunt à savoir les héritiers. Cependant, si votre oncle a prévu dans son testament que vous deviez payer cette balance de paiement, alors cette dette vous incombe.

RÉFÉRENCES

1) C.c.Q., art. 794 et 1320
2) C.c.Q., art. 808
3) C.c.Q., art. 807
4) C.c.Q., art. 810
5) C.c.Q., art. 811
6) C.c.Q., art. 812
7) C.c.Q., art. 813
8) C.c.Q., art. 799 à 801
9) C.c.Q., art. 827
10) C.c.Q., art 638

Chapitre 8

En paix avec le fisc?

Le paiement des impôts du défunt est une étape importante du règlement d'une succession. En effet, l'impôt constitue une dette à acquitter afin de pouvoir déterminer l'actif de la succession. À titre de liquidateur ou d'héritier, vous devez déclarer tous les revenus imposables du défunt, vous assurer que les impôts dus soient payés et finalement obtenir des ministères du Revenu les certificats qui permettent de distribuer les biens de la succession.

Les déclarations de revenus au décès

Vous devez déclarer tous les revenus imposables du défunt. Pour ce faire, vous pouvez choisir de:

•produire une seule déclaration d'impôt pour tous les revenus du défunt, soit la déclaration ordinaire de tout contribuable; ou

•produire une déclaration ordinaire et une ou plusieurs déclarations distinctes.

Certains revenus du défunt doivent être déclarés dans la déclaration ordinaire alors que d'autres peuvent être déclarés dans la déclaration ordinaire ou dans des déclarations distinctes. Vous avez souvent avantage à utiliser des déclarations distinctes. Ces déclarations sont

indépendantes les unes des autres et de la déclaration ordinaire. Elles permettent entre autres:

•de fractionner le revenu, entraînant ainsi un taux d'imposition moins élevé; et

•de bénéficier, pour chacune des déclarations, des crédits d'impôt personnels, et ce, même s'ils ont déjà été demandés dans la déclaration ordinaire.

Toutefois, les crédits pour dons de charité, frais médicaux, revenus de pension et autres ne peuvent excéder le montant qui serait déduit si aucune déclaration distincte n'était produite. Ils peuvent être réclamés soit dans une déclaration ordinaire, soit dans une déclaration distincte ou être répartis entre les différentes déclarations[1].

Les formulaires de déclarations de revenus sont disponibles dans les bureaux des ministères du Revenu. Une déclaration distincte est préparée à l'aide du même formulaire qu'une déclaration ordinaire. Dans tous les cas, il est important de spécifier qu'il s'agit d'une déclaration d'une personne décédée et d'identifier le type de déclaration.

À noter. Vous pouvez également avoir à produire une déclaration au nom de la succession pour chacune des années durant lesquelles les biens ont été administrés.

Comment déterminer le revenu imposable?

Les revenus réalisés au cours de l'année du décès, par exemple du 1er janvier au 15 février 1994 si le décès est survenu à cette date, sont imposables selon les règles habituelles. Les revenus réalisés au cours de l'année précédant le décès, par exemple du 1er janvier au 31 décembre 1993 si le décès est survenu avant que le défunt ne produise ses déclarations de revenus, sont également imposables selon les règles habituelles. Il faut de plus déclarer d'autres revenus qui n'auraient pas été imposés immédiatement s'il n'y avait pas eu décès.

Les «paiements périodiques»

Le salaire, les revenus de location et d'intérêts, les redevances et les rentes sont habituellement considérés comme des paiements périodiques. C'est le cas s'ils sont payables périodiquement et si le décès survient avant l'expiration de la période de paiement. Il s'agit de sommes d'argent que le défunt devait recevoir dans le futur.

Vous devez ajouter à la déclaration de revenus du défunt les paiements périodiques qui sont à recevoir au moment du décès, même s'ils n'ont pas été encaissés[2]. Par exemple, Luc décédé le 15 juillet 1993, recevait un salaire mensuel de 3 000$ versé le dernier jour de chaque mois. La partie du salaire qui n'était pas encore due mais qui était gagnée au décès est considérée comme un paiement périodique. La somme de 1 452$ (3 000 x 15/31) doit être incluse dans la déclaration de Luc.

Les «droits ou biens»

Les droits ou biens comprennent entre autres les dividendes déclarés mais non payés à la date du décès, les coupons d'obligations échus mais non encaissés, les loyers dus mais non encaissés et les salaires dus mais non encaissés, par exemple pour une période de paie se terminant avant la date du décès. Vous devez inclure les sommes qui auraient été obtenues de ces droits ou biens dans le revenu de l'année du décès[3].

À ne pas confondre. Les droits ou les biens sont des montants effectivement dus mais non encaissés au décès alors que les paiements périodiques sont des montants qui n'étaient pas dus au décès mais à une date ultérieure. Par exemple, Luc, au moment de son décès, possédait une obligation d'épargne du Québec d'une valeur nominale de 10 000$, ayant les caractéristiques suivantes:

•taux d'intérêt: 10% payable le 1er mai de chaque année; et

•coupon d'intérêt non détaché au décès: 1 000$ soit celui du 1er mai 1993.

Le coupon non détaché de 1 000$ est considéré comme droit ou bien. En effet, ces intérêts étaient dus mais non encaissés au décès. Toutefois, l'intérêt couru du 1er mai 1993 à la date du décès, le 15 juillet 1993, est considéré comme un paiement périodique car l'intérêt était gagné mais non encore dû.

Vous pouvez choisir de ne pas inclure un droit ou bien dans aucune des déclarations du défunt, ordinaire ou distincte, mais de le transférer à un héritier[4]. Ce dernier sera imposé sur la somme reçue lors de l'encaissement du droit ou du bien. Ce transfert doit s'effectuer au plus tard:

•un an après le décès; ou

•90 jours après la mise à la poste de l'avis de cotisation visant l'année du décès ou d'un nouvel avis de cotisation.

Un tel transfert permet de retarder l'imposition du droit ou du bien jusqu'à ce que l'héritier dispose à son tour de celui-ci.

Le revenu d'entreprise

Vous devez inclure les revenus provenant d'une entreprise dans le revenu imposable du défunt. L'année d'imposition correspond à l'exercice financier de l'entreprise.

Le revenu gagné entre la fin du dernier exercice financier et le décès peut être inclus dans une déclaration distincte[5]. La production d'une déclaration distincte étant optionnelle, vous devez vous assurer que ce choix est avantageux avant de l'exercer. Ce peut être le cas si le défunt se retrouve avec deux fins d'année dans la même année civile, soit celles du décès et de la fin de l'exercice financier.

D'autre part, il peut arriver qu'il soit plus avantageux d'inclure le revenu gagné après la fin de l'exercice financier dans la déclaration ordinaire. C'est le cas par exemple si le défunt a des pertes autres qu'en capital ou des pertes en capital inutilisées à la date du décès ou dans l'année précédente car il peut alors réduire l'impôt payable sur le revenu d'entreprise. Les pertes inutilisées peuvent en effet être réclamées en déduction.

LES REVENUS À DÉCLARER AU DÉCÈS		
REVENUS À DÉCLARER	**DÉCLARATION**	**DÉPENSES**
Revenus réalisés dans l'année du décès (Exemple: salaires reçus, intérêts encaissés)	Ordinaire	Déductibles selon les règles normales
Paiements périodiques (Exemple: salaire gagné mais non dû à la date du décès)	Ordinaire	Déductibles même si impayées au décès
Revenus d'entreprise de l'exercice financier se terminant dans l'année civile, mais avant le décès	Ordinaire	Les dépenses sont déjà déduites du revenu d'entreprise
Revenus d'entreprise de la période comprise entre la fin du dernier exercice financier et le décès	Ordinaire ou distincte	Les dépenses sont déjà déduites du revenu d'entreprise
Droits ou biens (Exemple: dividendes déclarés mais non payés au décès)	Ordinaire ou distincte	Déductibles si payables ou encourues à la date du décès. Les pertes sont déductibles des autres revenus du défunt

La transmission des biens aux héritiers a-t-elle des conséquences fiscales?

D'autres revenus s'ajoutent à la déclaration ordinaire du défunt. Ces revenus sont calculés en fonction de la valeur de son patrimoine et sont des montants que le défunt n'a pas effectivement reçus. En effet, lorsqu'une personne décède, elle est présumée avoir vendu certains de ses biens immédiatement avant son décès même si cette vente n'a pas eu lieu dans les faits. Ceci permet d'éviter que des biens ne soient transmis par succession à une ou plusieurs reprises sans conséquence fiscale immédiate. La disposition ou vente présumée entraîne des pertes ou des gains en capital qui font partie de la déclaration de revenus du défunt. Pour calculer les gains ou les pertes, la loi présume un prix de vente pour le défunt, le produit de disposition réputé, et un coût pour l'héritier, le coût d'acquisition réputé.

Les conséquences du décès diffèrent selon la nature des biens du défunt et selon que c'est le conjoint ou une autre personne qui hérite des biens.

À noter. Le gain en capital résultant de la vente de la résidence principale est exempté d'impôt.

À noter. Depuis le 1er janvier 1993, le terme «conjoints», aux fins des lois fiscales, désigne les conjoints mariés et les personnes de sexe opposé, qui sans être mariées, répondent à une date quelconque dans l'année d'imposition visée, aux conditions suivantes:

•elles vivent ensemble depuis 12 mois; ou

•elles sont les parents naturels ou adoptifs d'un même enfant.

Les biens amortissables

Les biens amortissables sont des biens se détériorant avec l'usage et pour lesquels une déduction pour amortissement est permise s'ils sont utilisés pour gagner du revenu de bien ou d'entreprise. L'exemple le plus courant est l'immeuble locatif. Le propriétaire d'un immeuble locatif peut déduire à chaque année un montant visant à compenser la détérioration de l'immeuble, déduction appelée «amortissement».

Le gain en capital réalisé sur ces biens à la suite de la vente fictive provoquée par le décès est inclus dans les revenus du défunt. De plus, il peut être nécessaire d'ajouter au revenu du défunt une partie ou la totalité des sommes réclamées à titre d'amortissement dans les années précédentes. Il s'agit alors d'une «récupération d'amortissement».

À noter. Aucune perte en capital n'est considérée sur un bien amortissable.

Les biens non amortissables

Les biens non amortissables sont ceux pour lesquels la loi ne permet pas de réclamer de dépenses d'amortissement même s'ils sont utilisés pour gagner du revenu de bien ou d'entreprise, par exemple le terrain.

Il est nécessaire de connaître la juste valeur marchande des biens non amortissables afin de pouvoir déterminer le montant du gain ou de la perte en capital à inclure dans les revenus du défunt. Celui-ci est en effet présumé les avoir vendus avant son décès pour un prix égal à cette valeur. S'il s'agit d'actions de corporations publiques, un courtier en valeurs mobilières est en mesure de fournir les cotes à la bourse à la date du décès. Le recours à des spécialistes sera probablement requis pour l'évaluation d'actions de corporations privées ou de terrains.

Le legs au conjoint

Un «roulement» ou transfert libre d'impôt au coût fiscal s'opère lors d'un legs au conjoint[6]. De cette façon, le gain en capital ou la récupération d'amortissement est différé jusqu'à ce que le conjoint vende les biens reçus ou qu'il décède. Ainsi, la disposition ou vente présumée de ces biens n'entraîne aucun revenu à inclure dans la déclaration de revenus du défunt.

Important. Ce roulement est facultatif. Il peut être plus avantageux de ne pas bénéficier du roulement. Il peut en être notamment ainsi lorsque le défunt a un solde de pertes en capital ou autres qu'en capital à reporter dans l'année du décès ou lorsqu'il n'a pas utilisé en totalité dans les années antérieures l'exonération cumulative des gains en capital. Vous pouvez alors choisir de déclarer un gain en capital ou une récupération d'amortissement sur certains biens du défunt dans la déclaration ordinaire pour profiter des déductions. Ce choix peut être fait à l'égard d'un ou de plusieurs biens, selon les besoins[7].

À noter. Les gains en capital réalisés après le 22 février 1994 ne donnent pas droit à l'exonération cumulative des gains en capital de 100 000$.

Les régimes d'épargne-retraite

Plusieurs contribuables participent à un régime enregistré d'épargne-retraite (REER). La juste valeur marchande des fonds accumulés est incluse dans la déclaration ordinaire de l'année du décès[8]. La même règle s'applique pour un fonds enregistré de revenu de retraite (FERR). Le relevé fourni par le fiduciaire du régime indique généralement la juste valeur marchande des fonds accumulés.

Le transfert au conjoint

Si ces régimes sont transférés au conjoint du défunt, la valeur des fonds accumulés est incluse dans le revenu du conjoint et aucun montant n'est inclus dans le revenu du défunt. Si le REER n'est pas arrivé à échéance, le conjoint peut transférer les fonds dans son propre REER, ou en créer un s'il n'en possède pas déjà, et ainsi différer l'imposition du REER jusqu'à encaissement[9].

Si le REER est arrivé à échéance ou s'il s'agit d'un FERR dont le conjoint devient rentier, à la suite d'un choix fait par le défunt lors de la souscription au régime, le conjoint est imposé sur les prestations lors de leur encaissement plutôt que sur la valeur des fonds accumulés dans l'année du décès.

Le transfert à un enfant

Une déduction est permise dans la déclaration du défunt si le REER est versé à son enfant ou son petit-enfant et si les conditions suivantes sont respectées:

•le défunt n'avait pas de conjoint; et

•l'enfant ou le petit-enfant était financièrement à sa charge[10].

Quand produire les déclarations de revenus?

La déclaration ordinaire et les déclarations distinctes, à l'exception de la déclaration distincte «droits et biens» doivent être produites aux dates suivantes:

Au fédéral

•six mois après le décès si la personne est décédée après le 31 octobre et avant le 1er mai; ou

•le 30 avril de l'année suivant le décès dans les autres cas.

Au provincial

•six mois après le décès; ou

•le 30 avril de l'année suivant le décès, selon la plus tardive des dates.

La déclaration distincte «droits et biens» doit être produite au plus tard:

•un an après le décès; ou

•90 jours après la mise à la poste de tout avis de cotisation ou de tout nouvel avis de cotisation.

Les certificats des ministères du Revenu

Avant de procéder au partage des biens de la succession, il faut obtenir des ministères du Revenu les certificats autorisant la distribution des biens[11].

Au fédéral, il faut obtenir un certificat de décharge, en présentant une demande écrite à cet effet à Revenu Canada, une fois les déclarations de revenus expédiées et l'avis de cotisation reçu. Le formulaire à remplir est le TX-19.

Au provincial, le formulaire MR-14.A permet d'obtenir un certificat autorisant la distribution des biens. Il doit être rempli et transmis au ministère du Revenu du Québec, dès que la valeur des biens et des dettes du défunt est connue et que la succession est acceptée. Ce formulaire est disponible dans tous les bureaux de Revenu Québec.

La transmission du formulaire et l'obtention du certificat de Revenu Québec ne sont pas nécessaires lorsqu'il y a acceptation de la succession et que l'une des situations suivantes survient:

•tous les biens du défunt ont été légués au liquidateur;

•aucun liquidateur n'est nommé dans le testament et celui-ci ne prévoit pas qu'il en soit nommé;

•le défunt n'a laissé aucun testament et la Cour supérieure n'a pas nommé de liquidateur;

•le mandat du liquidateur a pris fin avant que les biens ne soient distribués; ou

•le liquidateur a renoncé à sa charge, est décédé ou est inapte à prendre soin de lui-même ou de ses biens.

Les certificats doivent être obtenus avant la transmission de tous les biens. En effet, si vous faites défaut d'obtenir les certificats alors que vous deviez le faire, vous êtes personnellement responsable des impôts, intérêts et pénalités non payés par le défunt et ce, jusqu'à concurrence de la valeur des biens distribués[12].

À noter. Le gouvernement provincial permet que les biens du défunt soient distribués jusqu'à concurrence d'une valeur de 6 000$ avant la transmission du formulaire MR-14.A.

Pour en savoir plus

Ma tante est décédée sans testament au Québec. Elle possédait une voiture et un condominium en Floride. Que se passe-t-il?

Pour les biens meubles comme l'automobile, la succession est réglée selon les lois du Québec. Pour les biens immeubles comme le condominium, la succession est réglée selon les lois du lieu où est situé l'immeuble, soit en Floride. Les lois étrangères pourraient par exemple prévoir l'application d'un impôt sur les successions et une attribution de biens différente de celle du Québec. Pour tous les biens, comme votre tante résidait au Québec, les lois fiscales du Canada et du Québec s'appliquent. Elle est donc présumée avoir vendu ses biens à la date de son décès. Si un impôt est payable à l'étranger, un crédit pour impôt étranger vient toutefois réduire le montant d'impôt à payer au Canada et au Québec.

Je suis la seule héritière et liquidatrice de la succession de mon mari qui m'a laissé tous ses biens par contrat de mariage. Dois-je attendre d'avoir obtenu l'autorisation des ministères du Revenu pour recevoir la succession?

La loi provinciale prévoit que l'héritier unique qui administre seul une succession peut recevoir son héritage sans obtenir l'autorisation préalable du ministère du Revenu, même si la valeur des biens excède 6 000$. Vous devrez cependant payer les impôts qui sont dus au moment du décès. La loi fédérale ne prévoit pas d'exception en ce qui a trait à l'obligation d'obtenir un certificat de décharge avant de procéder au partage et à la remise des biens de la succession.

RÉFÉRENCES

1) *Loi de l'impôt sur le revenu* (L.I.R.), S.C. 1970-71-72, c. 63, telle que modifiée, art. 118.93; *Loi sur les impôts* (L.I.), L.R.Q., c. I-3, art. 693.1

2) L.I.R., précitée, art. 70 (1); L.I., précitée, art. 428

3) L.I.R., précitée, art. 70 (2); L.I., précitée, art. 429

4) L.I.R., précitée, art. 70 (3); L.I., précitée, art. 430

5) L.I.R., précitée, art. 150 (4); L.I., précitée, art. 1003

6) L.I.R., précitée, art. 70 (6).; L.I., précitée, art. 440

7) L.I.R., précitée, art. 70 (6.2); L.I., précitée, art. 442

8) L.I.R., précitée, art. 146 (8.8); L.I., précitée, art. 915.2

9) L.I.R., précitée, art. 60 (l); L.I., précitée, art. 339 (f)

10) L.I.R., précitée, art. 146 (1) (h);L.I., précitée, art. 908 (2) (b)

11) L.I.R., précitée, art. 159 (2); *Loi sur le ministère du Revenu*, L.R.Q., c.M-31, art. 14.

12) L.I.R., précitée, art. 159 (3)

Chapitre 9

Unis pour le meilleur... et pour le pire

Avant de procéder au partage de la succession, vous devez vérifier si le défunt était marié. En effet, le sort de certains biens du défunt est d'abord réglé par les lois qui gouvernent le patrimoine familial et par celles qui régissent le régime matrimonial des époux. Ainsi, l'actif net de la succession s'établit une fois les incidences du mariage réglées.

Le patrimoine familial

Si le défunt était marié, il vous faut d'abord identifier quels sont les biens de la succession qui font partie du patrimoine familial des époux. En effet, la valeur de ces biens est divisée en parts égales entre les conjoints au moment du décès. La part attribuée au défunt revient à sa succession, selon les règles de distribution prévues par le testament ou par la loi, s'il n'y a pas de testament[1].

Au décès, le patrimoine familial se compose des biens suivants:

•les résidences de la famille;

•les meubles qui servent à l'usage du ménage et qui garnissent et ornent ces résidences;

•les véhicules automobiles utilisés pour les déplacements de la famille; et

•les droits accumulés durant le mariage dans un régime de retraite, sauf si le régime accorde des prestations de décès au conjoint survivant.

Important. Sont exclus du patrimoine familial, les biens que reçoivent les époux par succession, par legs ou par donation, que ce soit avant ou pendant le mariage[2].

Lors du décès, la valeur nette du patrimoine familial est évaluée puis divisée en deux.

À noter. Pour que la valeur totale des biens soit partageable, les biens doivent avoir été acquis et payés durant le mariage. S'ils ont été acquis avant le mariage et payés en partie après le mariage, la valeur partageable est établie en conséquence. Il en est de même de la valeur partageable des biens acquis et payés durant le mariage si:

•ces biens ont été payés en partie avec des sommes reçues par donation, legs ou testament; ou

•ces biens ont été acquis en remplacement de biens du patrimoine familial possédés avant le mariage par un des conjoints. Il pourrait en être ainsi d'une maison appartenant à l'un des époux avant le mariage et vendue après le mariage pour investir le produit de la vente dans une autre résidence.

Par exemple, Jean a légué tous ses biens à ses trois fils. Marie, son épouse, peut demander le partage du patrimoine familial avant que les biens ne soient transmis aux héritiers. Tous les biens composant le patrimoine familial ont été acquis à même le salaire des époux, gagné après le mariage. Marie a contribué pour moitié au paiement de la résidence familiale, a acheté tous les meubles et son automobile. Aucune dette ne subsiste sur aucun bien.

Patrimoine familial (Valeur marchande au moment du décès de Jean)	Jean	Marie
Résidence principale (120 000$)	60 000$	60 000$
Résidence secondaire	30 000$	
Meubles		17 000$
Automobiles	12 000$	6 000$
REER	25 000$	20 000$
	127 000$	103 000$
Total		230 000$

La valeur du patrimoine familial s'élève à 230 000$. Les parts de Jean et Marie sont de 115 000$ chacune. La valeur des biens que possèdent Marie n'ayant qu'une valeur de 103 000$, les héritiers de Jean doivent lui rembourser la somme de 12 000$ (115 000$ - 103 000$).

Important. Si Marie avait possédé un actif supérieur à celui de Jean, elle aurait eu à payer à la succession la somme à laquelle Jean aurait normalement eu droit.

Le régime matrimonial

Le patrimoine familial partagé, il faut également procéder au partage du régime matrimonial. En effet, tout comme le patrimoine familial, le régime matrimonial détermine le sort de certains biens des époux.

Tous les couples qui se marient au Québec sont gouvernés par un des trois régimes matrimoniaux qui s'appliquent dans la province. Il s'agit de la communauté de biens, la société d'acquêts et la séparation de biens.

Attention! Les biens qui entrent à la fois dans le patrimoine familial et dans le régime matrimonial des époux ne sont pas partagés deux fois. Si leur sort a déjà été réglé lors du partage du patrimoine familial, ils sont exclus du partage du régime matrimonial.

La communauté de biens

Ce régime n'existe plus aujourd'hui. Cependant, certains couples demeurent régis par la communauté de biens parce qu'ils ont choisi ce régime matrimonial alors qu'il existait encore.

La communauté de biens comprend trois catégories de biens, soit les biens communs, les biens propres et les biens réservés. En règle générale, les biens communs sont ceux acquis par l'un ou l'autre des époux avant ou pendant le mariage. Les biens immeubles acquis avant le mariage, ou après le mariage s'ils sont acquis par succession, sont des biens propres, de même que les biens donnés ou légués à un époux à titre de propres. Les revenus de travail de l'épouse, les économies réalisées et les biens acquis grâce à ces revenus constituent des biens réservés[3].

À la suite du décès, les biens réservés et les biens communs sont partagés également entre le conjoint survivant et les héritiers, sauf si tout est laissé au conjoint par testament. Chaque époux conserve ses biens propres.

Attention! L'épouse peut renoncer au partage de la communauté des biens. Elle conserve alors ses biens réservés[4]. En cas de décès de l'épouse, le choix d'accepter ou de refuser le partage revient à ses héritiers.

La société d'acquêts

Depuis 1970, les gens mariés au Québec sans contrat de mariage sont soumis au régime légal de la société d'acquêts. Ce régime se compose de biens propres et acquêts. Généralement, les biens acquis avant le mariage sont des biens propres, alors que ceux acquis pendant le mariage sont des biens acquêts, sauf s'ils sont acquis par donation, legs ou succession. Les biens acquêts comprennent notamment le produit du travail d'un époux et les revenus perçus pendant le mariage, provenant des biens propres ou acquêts[5].

Au décès, chaque époux a droit à la moitié de la valeur des biens acquêts de l'autre conjoint[6]. Le conjoint survivant et la succession peuvent renoncer à ce partage[7].

La séparation de biens

Le régime de la séparation de biens ne prévoit aucun partage entre les époux. L'ensemble des biens du défunt se retrouve dans la succession.

À noter. La liquidation de la succession doit cependant respecter les règles de partage du patrimoine familial.

La prestation compensatoire

Le décès mettant fin au mariage, le conjoint survivant peut réclamer une prestation compensatoire à la succession[8]. Il s'agit d'une compensation pour son apport à l'enrichissement du patrimoine du conjoint décédé. Par exemple, Pierre est propriétaire d'un restaurant. Pour l'aider dans son travail, Josée, son épouse, s'occupe de la comptabilité du commerce sans être rémunérée. Grâce à son aide, Pierre n'a pas besoin de payer quelqu'un pour s'occuper de la comptabilité du restaurant. Josée contribue donc à l'enrichissement de son patrimoine.

Si la prestation compensatoire est accordée par un tribunal au conjoint survivant, la succession doit la payer, tout comme les autres dettes du défunt.

L'époux survivant peut la réclamer dans un délai d'un an à compter de la date du décès du conjoint.

La pension alimentaire

Les créanciers alimentaires du défunt peuvent réclamer une pension alimentaire de la succession dans les six mois suivant le décès[9]. La somme accordée peut être versée en un seul montant ou sous forme de paiements périodiques.

À noter. Les créanciers alimentaires du défunt sont son conjoint et ses parents en ligne directe, c'est-à-dire ses père et mère, ses enfants, ses petits-enfants, etc.

L'ex-conjoint peut recevoir une pension alimentaire jusqu'à douze mois après le décès, peu importe si le défunt lui versait ou non une pension alimentaire avant son décès. Les autres créanciers peuvent recevoir une pension alimentaire jusqu'à six mois après le décès.

Certains successibles, même s'ils sont exclus de la succession, peuvent réclamer de celle-ci une prestation compensatoire et/ou une pension alimentaire. Par exemple, une épouse à qui le défunt mari n'a rien laissé peut réclamer une prestation compensatoire pour son apport à l'enrichissement du patrimoine du défunt. Elle peut aussi réclamer une pension alimentaire si elle ne peut pas subvenir elle-même à ses besoins.

Les donations par contrat de mariage

Le contrat de mariage peut prévoir des donations en faveur du conjoint du défunt, appelées «donations à cause de mort». Ces donations doivent êtres payées au conjoint survivant avant que les biens de la succession ne soient partagés entre les héritiers, tout comme les autres dettes de la succession.

La résidence familiale

Lors du partage des biens, le conjoint survivant peut exiger qu'on lui attribue, de préférence à tout héritier, la résidence familiale et les meubles qui servent à l'usage du ménage. Si la valeur des biens excède sa part d'héritage, il remet la différence à la succession[10].

Pour en savoir plus

Puis-je faire un testament dans lequel je ne laisse rien à mon mari?

C'est possible, puisque la loi reconnaît aux individus la liberté de disposer de leurs biens comme bon leur semble. Cependant, la valeur de certains biens doit être partagée à la fin du mariage, en vertu du patrimoine familial et du régime matrimonial. Par conséquent, même si vous ne laissez rien à votre mari, celui-ci peut recevoir une partie de votre succession lors du partage du patrimoine familial et du régime matrimonial.

Mon conjoint de fait, avec qui je vivais depuis dix ans, vient de mourir. Il n'a pas laissé de testament. Quels sont mes droits?

Ils sont biens minces. En effet, la loi ne reconnaissant pas l'union de fait, les concubins ne font pas partie des personnes qui héritent lors des successions sans testament. Par conséquent, si votre conjoint de fait n'a pas rédigé de testament, vous ne recevrez rien.

Cependant, certaines lois particulières reconnaissent l'union de fait. À titre d'exemple, la Régie des rentes du Québec accorde au conjoint de fait la rente du conjoint survivant s'il a cohabité avec le défunt pendant trois ans, ou pendant un an si un enfant est né ou à naître de leur union.

RÉFÉRENCES

1) C.c.Q., art. 416
2) C.c.Q., art. 415
3) C.c.Q., art. 492
4) C.c.Q., art. 492
5) C.c.Q., art. 449
6) C.c.Q., art. 467
7) C.c.Q., art. 473
8) C.c.Q., art. 427
9) C.c.Q., art. 684
10) C.c.Q., art. 856

quatrième partie

LA REMISE DES BIENS

Chapitre 10

En dernier lieu...

Une fois les biens recueillis, les dettes de la succession payées et les certificats d'autorisation des ministères du Revenu obtenus, les héritiers peuvent recevoir leurs biens.

Le compte définitif du liquidateur

La délivrance des biens aux héritiers s'effectue après l'acceptation par ces derniers du compte définitif déposé par le liquidateur[1]. Ce compte a pour but de déterminer l'actif net ou le déficit de la succession. Il indique entre autres les éléments suivants:

• les dettes et les legs restés impayés;

• les dettes et les legs garantis par une sûreté ou pris en charge par des héritiers ou légataires particuliers;

• les dettes et les legs dont le paiement est autrement réglé; et

• le mode de paiement de ces dettes et de ces legs.

Une proposition de partage des biens doit être jointe au compte, si le testament ou la majorité des héritiers l'exige[2].

Les héritiers reçoivent leurs biens avec leurs accessoires, dans l'état où ils se trouvaient au décès du testateur[3].

Le partage des biens

Il arrive souvent que les biens d'une succession appartiennent à plusieurs héritiers en même temps. C'est le cas notamment des successions sans testament, où les héritiers reçoivent chacun une part de la succession. C'est également le cas des successions testamentaires qui contiennent des legs universels ou à titre universel. En effet, si le testament prévoit la clause suivante, «Je lègue tous mes biens meubles à mes enfants au premier degré», vous ignorez quel meuble revient à qui.

Lorsque des personnes possèdent conjointement un ou plusieurs biens, elles sont dites dans l'indivision. Si les héritiers veulent être propriétaires en exclusivité de biens précis, il faut procéder au partage des biens de la succession. Si le testateur ou la majorité des héritiers le requiert, le liquidateur doit joindre à son compte une proposition de partage[4].

Le partage à l'amiable

La loi prévoit que vous pouvez procéder au partage de la succession à l'amiable. Ce type de partage présente plusieurs avantages. D'abord, il permet d'éviter les délais et les frais d'un recours en justice. Également, il permet de tenir compte des intérêts des copartageants en attribuant à chacun d'eux les biens qui leur conviennent le mieux.

Pour que le partage à l'amiable soit possible, il faut que tous les héritiers soient d'accord. Ainsi, le partage se fait suivant la manière qu'ils jugent la meilleure ou suivant la proposition jointe au compte définitif du liquidateur, s'il y a lieu[5].

À noter. Pour participer au partage, le tuteur au mineur et le tuteur au majeur doivent être autorisés par le conseil de tutelle ou par le tribunal, qui demande l'avis du conseil de tutelle. Quant au curateur au majeur, il a la possibilité de participer au partage, sans autre formalité[6]. Il en est de même pour les père et mère qui agissent comme tuteurs de leur enfant mineur à la condition que la valeur des biens en jeu ne dépasse pas 25 000$[7].

L'action en partage

Si l'un des héritiers s'oppose au partage à l'amiable, il faut alors intenter une action en justice appelée «action en partage».

L'action en partage est intentée par l'un des héritiers devant la Cour supérieure du district du lieu d'ouverture de la succession, si la succession s'est ouverte dans la province. Sinon, l'action en partage est prise devant le tribunal du lieu où sont situés les biens ou devant celui du domicile du défunt. Le juge ordonne que le partage soit fait selon les formalités de la loi et nomme parfois un notaire qui voit au bon déroulement du partage.

La transmission des biens

L'héritier est propriétaire à compter du décès, même si dans les faits, il ne touche sa part que quelque temps après[8]. En effet, certaines démarches doivent être entreprises afin de permettre à l'héritier de prendre possession des biens qu'il a reçus par héritage. Ces démarches consistent essentiellement en la production de certains documents qui permettent de démontrer qu'il y a eu décès suite auquel l'héritier est effectivement devenu propriétaire des biens qu'ils réclament.

Le liquidateur se charge en général de transmettre les biens. À défaut de liquidateur désigné, l'héritier s'occupe lui-même de fournir les documents pour pouvoir exercer ses attributs de propriétaire.

La transmission des comptes d'épargne

La transmission des sommes d'argent détenues dans un compte d'épargne s'effectue en produisant à l'institution financière une déclaration de transmission des sommes d'argent. Il est possible de vous procurer le formulaire de déclaration de transmission à l'institution financière où se trouve l'argent. Cette déclaration doit être accompagnée du certificat de décès et du testament, s'il y en a un.

La transmission des certificats de dépôt

Pour obtenir la transmission des certificats de dépôts, vous devez présenter à l'institution financière une déclaration de transmission de certificat de dépôt que vous pouvez vous procurer à cette institution. Vous devez joindre à cette déclaration le certificat de dépôt, le certificat de décès ainsi que le testament, s'il y en a un.

La transmission des obligations d'épargne

La transmission d'une obligation d'épargne s'obtient en produisant une déclaration de transmission d'obligation directement au gouvernement concerné ou par le biais de l'institution financière où l'obligation a été achetée. Vous devez joindre à cette déclaration le certificat d'obligation, le certificat de décès ainsi que le testament, s'il y en a un.

La transmission des actions

La transmission des actions nécessite la production de la déclaration de transmission d'actions directement à la compagnie concernée ou par le biais du courtier. Vous devez y joindre le certificat d'actions, le certificat de décès ainsi que le testament, s'il y en a un.

La transmission des immeubles

La transmission d'un immeuble est soumise à la publicité par l'inscription au registre foncier d'une déclaration faite par acte notarié en minute[9]. Cette inscription se fait au bureau de la publicité des droits de la circonscription foncière où est situé l'immeuble. La déclaration de transmission devient le titre de propriété de l'héritier.

La transmission de l'automobile

La transmission d'un véhicule automobile s'effectue en produisant une déclaration de transmission de véhicule automobile à un bureau de la Société de l'assurance automobile du Québec, ainsi qu'un certificat de décès. Le formulaire de déclaration de transmission, que vous pouvez obtenir à un bureau de la Société, doit être signé devant un commissaire à l'assermentation si vous ne l'accompagnez pas d'une copie du testament du défunt ou d'une déclaration des autres héritiers, selon le cas, autorisant la transmission.

De plus, vous devez fournir le certificat d'immatriculation, le permis de conduire de la personne décédée, s'il y a lieu, et payer les droits prescrits pour qu'un nouveau certificat vous soit émis. Une preuve d'assurance et une pièce d'identité doivent également être fournies.

Les prestations de la Régie des rentes du Québec

Les héritiers peuvent avoir droit en certains cas à des prestations de la Régie des rentes du Québec. Il s'agit de la rente de conjoint survivant et la rente d'orphelin.

Important. Le conjoint de fait peut bénéficier de la rente de conjoint survivant s'il a cohabité avec le défunt pendant trois ans, ou pendant un an si un enfant est né ou est à naître de leur union.

La rente d'orphelin est versée aux personnes assurant la subsistance d'un enfant de 18 ans et moins. Elle est versée directement à l'enfant s'il a plus de 18 ans et moins de 25 ans, à la condition qu'il fréquente à plein temps un établissement d'enseignement reconnu.

Pour obtenir ces sommes, vous devez remplir le formulaire que distribuent les bureaux de la Régie des rentes du Québec. Il faut y joindre certains documents, tels le certificat de décès, le certificat de naissance du défunt, le certificat de naissance des enfants, le certificat de mariage ou un document prouvant que la personne pour qui la rente est demandée était conjoint de fait du défunt.

Les indemnités de la Société de l'assurance automobile

Les héritiers d'une personne décédée dans un accident d'automobile peuvent avoir droit à une indemnité de conjoint, de père et mère ou de personne à charge et à une indemnité pour les frais funéraires. Le personnel de la Société de l'assurance automobile peut vous informer des conditions d'admissibilité aux indemnités et des démarches requises pour les obtenir.

Les indemnités de la Commission de la santé et de la sécurité du travail

Les héritiers peuvent avoir droit à des indemnités via la Commission de la santé et de la sécurité du travail (CSST) dans les cas suivants:

• le décès survient suite à un accident de travail;

• le décès survient suite à un acte de civisme, par exemple lorsque la personne intervient pour venir en aide à quelqu'un; ou

• le décès est causé par un acte criminel.

Les indemnités sont demandées en remplissant, dans l'année du décès, un formulaire disponible aux bureaux de la CSST.

L'assurance-vie

Vous devez vous adresser à l'assureur pour réclamer le produit de l'assurance-vie.

À noter. Pour tout régime d'assurance-vie ou autre souscrit au travail, informez-vous des modalités et démarches requises auprès de l'employeur du défunt.

Cette réclamation se fait par la remise du certificat de décès, du contrat d'assurance ou, à défaut, de la référence au contrat et du formulaire de demande de la compagnie d'assurances dûment rempli. D'autres documents peuvent être requis, comme par exemple le certificat médical ou le rapport d'autopsie.

Attention! Le produit de l'assurance-vie fait partie de la succession sauf si un bénéficiaire est expressément désigné dans le contrat d'assurance-vie.

Les régimes de retraite

L'employeur du défunt peut vous indiquer si ce dernier avait un régime de retraite au travail. Dans l'affirmative, il vous informera du type de régime de retraite, vous aidera à remplir les formulaires requis et vous indiquera les documents à joindre à votre demande. Les bénéficiaires de ces régimes varient selon le type de régime.

Si le défunt avait une régime enregistré d'épargne-retraite (REER) ou recevait déjà des prestations de retraite, adressez-vous directement à l'institution pertinente.

À noter. Ces régimes font partie du patrimoine familial si le bénéficiaire désigné n'est pas le conjoint du défunt.

Le coffret de sûreté

Vous devez vous rendre à l'institution financière où est situé le coffret de sûreté. Pour pouvoir disposer des effets qu'il contient, vous devez présenter le certificat de décès et le testament, s'il y a lieu.

La transmission des autres biens

Chaque institution détenant un ou des biens du défunt peut avoir ses exigences. En règle générale, les documents suivants doivent être fournis:
- le certificat de décès;
- une copie du testament et de la ou des modifications au testament initial; et
- une déclaration d'hérédité.

La déclaration d'hérédité contient, principalement:
•un résumé de la situation du défunt avant son décès;
•une attestation de l'accomplissement des formalités nécessaires;
•une identification des biens concernés;
•une description des circonstances du décès;
•une référence au testament et sa date ou une mention écrite à l'effet qu'il n'y a aucun testament connu; et
•une énumération des héritiers prévus au testament s'il y a lieu.

L'institution détenant le bien à transférer fournit généralement le formulaire de déclaration d'hérédité.

Conseil. Pour vous protéger de toute poursuite éventuelle, vous devriez transmettre les biens aux héritiers en produisant une déclaration de transmission, laquelle comporte une clause de délivrance de legs que signe l'héritier. La clause de délivrance de legs a pour effet de vous exonérer de toute responsabilité personnelle quant au legs pour lequel la clause a été signée.

Pour en savoir plus

Ma soeur et moi avons hérité conjointement de tous les immeubles de mon père. Ma soeur habite en Floride, se déplace beaucoup et est très difficile à rejoindre. Or, je viens de recevoir une très bonne offre d'achat à l'égard d'un des immeubles que nous a laissés notre père. Puis-je accepter seule cette offre très avantageuse?

Même si l'offre paraît avantageuse, vous ne pouvez l'accepter sans l'accord de votre soeur. En effet, votre soeur et vous êtes héritières d'un legs à titre universel, soit de tous les immeubles de la succession de votre père. S'il n'y a pas eu de partage, vous vous trouvez dans une situation d'indivision, ce qui veut dire que vous êtes toutes deux copropriétaires de tous ces immeubles. Par conséquent, pour tous les actes que vous poserez à l'égard des immeubles, votre soeur et vous devez agir ensemble. Vous pourrez cependant procéder seule si vous obtenez une procuration de votre soeur à cet effet.

Mon frère et moi sommes les héritiers à titre universel de la succession de notre oncle. Le testament de mon oncle comprend la clause suivante, «Le partage de ma succession ne pourra avoir lieu avant l'expiration des cinq ans qui suivront mon décès». Cette clause est-elle valide?

Oui. Le testateur peut stipuler dans son testament que le partage de sa succession sera différé pendant un temps limité. Il s'agit là d'une exception au principe voulant que nul n'est obligé de demeurer dans l'indivision. Ainsi, jusqu'à l'expiration de ce délai de cinq ans, votre frère et vous serez obligés d'agir de concert à l'égard des biens de la succession. Ce délai peut même être prolongé s'il y a accord entre vous et votre frère. L'un d'entre vous pourra cependant procéder seul s'il obtient une procuration de l'autre à cet effet.

RÉFÉRENCES

1) C.c.Q., art. 822
2) C.c.Q., art. 820
3) C.c.Q., art. 744
4) C.c.Q., art. 820
5) C.c.Q., art. 838
6) C.c.Q., art. 213 et 1307
7) C.c.Q., art. 209
8) C.c.Q., art. 645
9) C.c.Q., art. 2938 et 2998

Le règlement d'une succession en bref

♦Décès

♦Avis du décès à la famille, à l'employeur, aux journaux, aux compagnies d'assurances, aux institutions émettrices de cartes de crédit, etc.

♦Recherche du testament

♦Nomination du liquidateur par les héritiers, s'il y a lieu

♦Funérailles

♦Décision quant au logement du défunt, communication avec la ou les personnes qui habitaient le logement avec le défunt et avis au locateur le plus rapidement possible (tout en respectant les délais)

♦Vérification du testament, s'il y a lieu

♦Collecte des informations et des documents permettant de régler la succession

♦Reconstitution de l'actif net de la succession:
- liste des biens
- liste des sommes dues au défunt (dettes, salaires, etc.)
- liste des dettes du défunt (impôts, emprunt, balance de paiement, loyer, etc.)
- liste des sommes dues au conjoint survivant, s'il y a lieu

♦Inventaire et avis de clôture

♦Acceptation ou renonciation de la succession par les héritiers

♦Paiement des dettes et des legs particuliers, s'il y a lieu

♦Obtention des certificats des ministères du Revenu, s'il y a lieu

♦Compte définitif

♦Partage des biens

♦Remise des biens et formalités nécessaires à la transmission

Carnet d'adresses

Commission de la santé et de la sécurité au travail
1, Complexe Desjardins
Tour Sud, 31e étage
Succursale Desjardins
Montréal (Québec)
H5B 1H1
Tél.: (514) 873-3990
(les frais d'appel sont acceptés)

Direction de l'état civil
Ministère de la Justice du Québec
2050, rue de Bleury, 6e étage
Montréal (Québec)
H3A 2J5
Tél.:   (514) 864-3900
        1-800-567-3900 (sans frais)

**Fichier central
Immatriculation aux assurances
sociales**
120, Harbour View
C.P. 7000
Bathurst (Nouveau-Brunswick)
E2A 4T1
Tél.: (506) 548-7961
(les frais d'appel sont acceptés)

Gazette officielle du Québec
1279, boul. Charest Ouest
9e étage
Québec (Québec)
G1N 4K7
Tél.: (418) 644-7795

**La Chambre des notaires
du Québec**
Registre, Service des recherches
testamentaires
630, boul. René-Lévesque Ouest
Bureau 1700
Montréal (Québec)
H3B 1T6
Tél.:   (514) 879-2906
        1-800-361-5201 (sans frais)

Le Barreau du Québec
Registre
445 boul. St-Laurent
Montréal (Québec)
H2Y 3T8
Tél.:   (514) 954-3412
        1-800-361-8495 (sans frais)

**Régie de l'assurance-maladie
du Québec**
Québec
1125, Chemin St-Louis
C.P. 6600
Québec (Québec)
G1K 7T3
Tél.:   (418) 643-3445)
        1-800-561-9749 (sans frais)

Montréal
425, boul. de Maisonneuve Ouest
3e étage
Montréal (Québec)
H3A 3G5
Tél.:   (514) 864-3411
        1-800-463-7763 (sans frais)

Régie des rentes du Québec
1055, boul. René-Lévesque Est
C.P. 1055, Succ. C
Montréal (Québec)
H2L 4T6
Tél.:   (514) 873-2433
          1-800-463-5185 (sans frais)

Régie du logement
1, rue Notre-Dame Est
11e étage
Montréal (Québec)
H2Y 1B5
Tél.:   (514)873-2245

Registre des droits personnels et réels mobiliers
255, rue Crémazie Est
5e étage
Montréal (Québec)
H2M 2V3
Tél.:   (514) 864-4949
          1-800-465-4949 (sans frais)

Santé et Bien-être Social Canada
Complexe Guy-Favreau
200, boul. René-Lévesque Ouest
Niveau 00, Porte 10
Montréal (Québec)
H2Z 1X4
Tél.:   (514) 283-5750
          1-800-361-3755 (sans frais)

Société de l'assurance automobile du Québec
333, boul. Jean-Lesage
N-4-4
C.P. 19600
Québec (Québec)
G1K 8J6
Tél.:   (514) 873-7620
          1-800-361-7620 (sans frais)

Liste des abréviations utilisées dans les références

al.	Alinéa
art.	Article
B.R.	Cour du Banc de la Reine
c.	Chapitre (pour les lois) ou contre (pour la jurisprudence)
C.c.Q.	Code civil du Québec
C.L.	Commission des loyers
C.P.	Cour provinciale
C.p.c.	Code de procédure civile
C.S.	Cour supérieure
D.C.L.	Décisions de la Commission des loyers
D.R.L.	Décisions de la Régie du logement
G.O.	Gazette officielle du Québec
J.L.	Jurisprudence logement
L.Q.	Lois du Québec
L.R.Q.	Lois refondues du Québec
par.	Paragraphe
r.	Règlement
R.C.S.	Recueil d'arrêts de la Cour suprême du Canada
R. du N.	Revue du Notariat
R.L.	Régie du logement
R.R.Q.	Règlements refondus du Québec
S.C.	Statuts annuels du Canada

Table des matières